GPT 세대가 온다

GPT 세대가 온다

잡아먹을 것인가, 잡아먹힐 것인가

송진주 지음

 mindset

프롤로그

독자 여러분, 안녕하세요.

먼저 이 책을 통해 여러분들을 챗GPT(OpenAI가 개발한 대화 전문 인공지능챗봇으로 챗은 채팅의 줄임말이고 GPT는 'Generative Pre-trained Transformer'의 앞글자를 딴 것)라는 새로운 세계로 안내하게 되어 설레고 흥분되는 마음을 감출 수가 없습니다. 이 엄청난 혁신으로의 여정을 이 책과 함께 해주셔서 감사합니다.

저는 영어 강사이자 GPT 연구소의 대표인 송진주라고 합니다. 우선 제가 공대 출신이나 테크 전문가, 미래 과학 전문가 등이 아니라는 사실에 놀라실 수도 있고 실망하실 수도 있을 것 같습니다. 저는 심지어 인문학도입니다. 그러나 전 이 사실이 오히려 좋다고 생각합니다. 저도 이 책을 보는 여러분들과 같이 아무 것도 몰랐고, 심지어 지금도 잘 모르는 상태라 계속 탐닉하며 알아가는 중이니까요. 그래서 더더욱 제가 누구보다도 챗GPT의 실질적인 다양한 활용법을 알려드릴 수 있으리라 자신합니다.

전 두 아이를 둔 이 시대의 원더우먼, 워킹맘인데요. 일하는 엄마로서 항상 할 일은 많고 시간은 제한적이라는 고질적인 문제에 직면해 있습니다. 그래서 일의 효율성을 높이기 위해 끊임없이 노력합니다. 바로 그 부분이 테크가 필요한 이유인데요. 수 년간 일의 능률을 높여줄 기기, 앱 기타 여러 서비스 등을 사용해왔지만, 챗GPT만큼의 강력한 것은 없었습니다.

챗GPT를 처음 사용한 순간을 잊지 못합니다. 그 접근성과 단순한 UI도 새로웠고요. 사실 전 글쓰기 AI 툴은 이미 활용하고 있던 터라 새로울 것이 없을 줄 알았어요. 그러나 챗GPT는 채팅을 통해 원하는 정보를 얻는 형태였다는 것과, 단순히 글을 생성하는 것이 아니라 그 이상의 기능을 한다는 것이 충격이었어요. 챗GPT를 쓰기전까지 저는, 검색창에 검색어를 입력하고 엔터를 치면 관련된 결과가 나열되고 그 중 매력적인 제목을 클릭하는 검색 메커니즘에 익숙했습니다. 하지만 챗GPT는 달랐습니다. 실제 사람과 대화를 나누는 것 같아서 동료 강사 내지는 선배에게 질문을 하는 느낌이 들었습니다. 제 질문을 잘 이해하고 맞춤 응답을 바로바로 제공했고요. 저는 영어강사로서 문법 확인 문제와 이론을 정리한 유인물을 만드는 데 꽤나 많은 시간을 할애해 왔습니다. 그런데 챗GPT는 한 단원의 문제와 여러 단원을 섞어내는 종합 문제는 물론이고 난이도 조정도 가능했습니다. 제가 요구하는 해당 단원의 문제를 원하는 수준으로 여러 세트 뽑아주고, 정답과 해설까지 제공하는 거예요. 유레카를 외치지 않을 수 없었습니다.

챗GPT를 계속 사용하면서 자연스럽게 '이건 그냥 흘러가는 유행이 아니겠구나', '곧 엄청난 변화를 가져오겠구나'라는 사실을 깨달았습니다. 이것은 단순한 검색 엔진이 아닌 맞춤 지식 엔진이었고, 그냥 채팅창이 아니라 VIP 고객 관리 창구 같았습니다.

저는 영상, 이미지 편집 툴도 불편함 없이 다루는 편이라 영상 편집 강의를 종종하는데요, 평소처럼 챗GPT를 활용했는데, 사람들이 엄청 놀라는 거예요. "여태껏 검색엔진에서 원하는 정보를 검색하고 끝없는 클릭과 복사 붙여넣기 후 다듬어서 나의 콘텐츠를 만들었는데, 이렇게나 바로 원하는 결과값을 얻을 수 있다니!"하면서 말이죠. 제가 지식의 저주에 빠졌었나 봅니다. 전 그냥 내가 아니까 남들도 알고, 내가 당연하니까 남들도 당연하다 생각했었는지 오히려 그 반응이 신기했습니다. 그 후 챗GPT 활용에 대한 강의 의뢰를 받게 됐고, 다양한 분야에서 활용할 수 있는 방법과 적절한 프롬프트 사용의 중요성에 대해 언급했습니다. 사람들의 반응은 뜨거웠습니다. 더 많이 사용해 볼수록, 더 많이 나누고 가르쳐볼수록 내가 비전문가 중에는 제일 전문가일 수 있겠다는 생각이 들었거든요. 이 기술이 나의 상상을 초월하여 세상을 바꿀 것이라는 것도 자연스럽게 깨닫게 됐습니다. 챗GPT는 가까운 미래에 아니, 어쩌면 수개월 내에 우리가 서로 의사 소통하는 방법과 학습 방법, 나아가서는 정보에 접근하는 방법을 혁신할 잠재력을 가지고 있다고 확신했습니다. 그리고 어쩌면 이 기술을 활용하여 내가 세상을 바꿀 수도 있겠구나라는 꿈도 갖게 됐고요.

독일 통계 업체 스태티스타(Statista)는, 전 세계 챗봇 시장 규모는 2016년에는 1억 9,080달러에 그쳤지만 엄청난 성장세로 2025년에는 약 12억 5천 달러에 달할 것이라 전망했습니다. 그만큼 이 시장은 잠재력과 발전 가능성이 무궁무진하다는 거죠.

이 책에서는 챗GPT에 대한 개인적인 경험과 챗GPT를 사용하여 학생, 직장인 할 것 없이 바쁜 우리 현대인 모두의 삶을 향상시키고 나아가 수익창출, 또는 나를 돌보는 방법까지 모두 다루고자 합니다. 이 여정을 통해 여러분이 챗GPT가 제공하는 무한한 가능성을 탐험하도록 격려하고 영감을 주고 싶습니다. 여러분, 명심하세요. 챗GPT는 단연코 세계 제 2차 산업혁명 이후, 애플 이후 우리가 가장 주목해야 할 미래 산업이라는 걸요. 자, 그럼 저와 함께 우리의 인생을 놀랍게 바꿔줄 챗GPT의 세계로 떠나보실까요?

프롤로그 · 4

Chapter 1
GPT 세대의 서막

지금 당장 챗GPT를 써야 하는 이유 · 15
전세계가 주목한 초고속 성장 · 15 번거로운 검색, 간편한 채팅 · 18
상상 그 이상의 능력치 · 21 GPT 세대 · 23

챗GPT를 소개합니다 · 25
자기소개 · 25 가입하는 방법 · 28 화면 소개 · 32
무료 vs. 유료 버전 비교 · 34 무료버전 이용시 오류 메시지 · 34 모바일 버전 · 35

챗GPT 답해라 오바 · 41
프롬프트의 이해 · 41 프롬프트 엔지니어링 · 42 프롬프트의 중요성 · 45
영어 프롬프트 vs. 우리말 프롬프트 · 48

다섯 살도 이해할 AI 용어 정리 · 53

Chapter 2
업무스트레스 그만,
나도 이제 일잘러

요약 · 59
웹사이트 내용 요약 · 62 PDF 요약 · 64 유튜브 요약 · 67

문제 해결 · 72
영어 메일 쓰기 · 72 고객에게 영어 메일 응대 · 72 메일 내용 수정 · 74

아이디어 창출 · 76
브레인스토밍 · 78 리서치 · 79 시장조사 · 80
자료수집 · 82 정보요약 · 86 제품비교 · 87

마케팅 · 89

판매전략 · 89 세부 전략 디벨로핑 · 90 판매계획서 · 91 번역 · 92

취업준비 · 95

자소서 · 95 모의 인터뷰 · 97

직장 내 고충 · 101

인간 관계 극복 · 102 마감 기한 연장 요청 메일 쓰기 · 105

반복 작업 자동화 및 데이터 분석 · 107

맺음말 · 111

Chapter 3

온라인 N잡러

역대급 기회를 잡을 당신에게 · 117

인공지능 글쓰기 · 121

블로그 포스팅 · 121 숏폼 스크립트 · 122 인스타그램 카드 뉴스 · 124

유튜브 스크립트 · 125 전자책 쓰기 · 126 구체적 수익화 방안 · 132

인공지능 이미지 · 135

미드저니(Midjourney) 가입 · 137 달리(Dalle·E2) 가입 · 141 미드저니 vs. 달리2 · 145

미드저니 버전4(V4) · 148 DALL·E2(달리2) · 154 구체적인 수익화 방안 · 164

인공지능 동영상 · 167

이미지를 영상으로 · 167 텍스트를 영상으로 · 173 구체적 수익화 방안 · 179

인공지능 음악 · 182

나도 작곡가 도전! · 182

맺음말 · 187

Chapter 4

갓생 사는 법

챗GPT가 도와주는 갓생 살기 · 193
신체 건강 관리 · 195
운동계획 · 195 식단 관리 · 198 운동과 식단 병행 방법 · 201

마음 챙김 · 203
명상 · 203 창의력 증진 · 205 기억력, 집중력 향상 · 207
스트레스 관리 · 208 휴식 기술 · 209

여행 · 211
요리 · 217
특정 재료 활용 요리 · 220 시간/돈을 절약하는 요리 계획 · 221

재정관리(은퇴 후 계획) · 223
비상자금 마련 · 223 은퇴 자금 계획 · 225

내 손 안의 전문가 · 227
의료 상담 · 227 법률 상담 · 229 세무 상담 · 231 노무 상담 · 233

영어 공부 · 236
회화 연습 · 238 쓰기 연습 · 245

창작활동 · 250
시, 소설 · 250 동화 · 255 노래, 랩 가사 · 256 게임 스토리 · 258 네이밍 · 260

심심풀이 · 262
로또번호 · 262 사주풀이 · 265 끝말잇기 · 266 N행시 · 267 연애상담 · 270

맺음말 · 273

Chapter 5

챗GPT의 미래

챗GPT 존재의 이유 · 277

존재의 이유 · 277 활용 방법 · 278 한계 · 282

경계해야 할 부분 · 285

뻔뻔한 거짓말 · 285 공부 천재, 수포자 · 287 미래에 사라질 직업 · 289
챗키코모리 · 290

챗GPT가 불러온 변화 · 292

전세계 빅테크 기업 · 292 우리나라 빅테크 기업 · 294 챗 GPT vs. 국내 AI 서비스 · 296
뤼튼 (wrtn) vs. 아숙업 (AskUp) · 298 神이 된 New Bing · 300

에필로그 · 305

초판 한정 특별 부록

AI 최신 뉴스 ｜ 크롬 확장 프로그램 ｜ 기타 유용한 AI 사이트 모음

Chapter 1

GPT 세대의 서막

지금 당장 챗GPT를 써야 하는 이유

전세계가 주목한 초고속 성장

2022년 12월 1일 챗GPT가 출시되었습니다. 물론 GPT는 2018년에 등장했지만 일반 대중에게 공개된 첫 번째 버전은 GPT-3.5 모델의 챗GPT입니다.

GPT 단계별 주요기능

단계	주요 기능
GPT-1	문장 의미 유사도 판단, 분류
GPT-2	번역, 작문, 대화
GPT-3	간단한 코딩, 보다 자연스러운 대화, 요약, 생략된 텍스트 삽입 등
GPT-4	멀티모달(시각, 청각을 비롯한 여러 인터페이스를 통해 정보를 주고 받는 개념) 지향 예상

GPT 세대별 매개변수 수 변화 추이

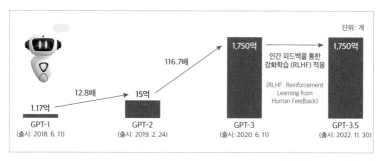

자료: 한국지능정보사회진흥원

　이러한 챗GPT에 대한 반응은 뜨겁습니다. 출시 5일만에 100만 사용자를 확보, 고작 2달 만에 월 활성 사용자(MAU -Monthly Active Users) 1억명을 돌파했다는 기록을 세웠는데요. 최단기간 100만 사용자 확보로 뉴스를 뜨겁게 달궜던 이 챗GPT가 이제는 두 달만에 전 세계적으로 제일 핫한 키워드 중 하나가 된 것입니다. 대한민국 국민 SNS 점유율 1위인 인스타그램은 2년 6개월만에 사용자가 1억명에 달했고, 틱톡은 9개월이 걸렸는데요. 그에 비해 챗GPT의 성장세는 무서울 정도입니다. 실로 창업자인 일론 머스크와 샘 알트만마저도 무섭다 고 말할 정도니까요.

　영국의 일간지 인디펜던트에 '구글은 끝났다 (Google is done.)' 라며 다소 도발적인 기사가 실렸습니다. 전세계 언론이며 학계, 각종 SNS에서 뿐 아니라 전문가들 마저 챗GPT의 영향력으로 머지않은 미래에 사라지게 될 직업을 언급하며 우려 섞인 목소리를 냅니다. 이런 기대와 두려움이 바로 사용자들이 몰려들게 만든 원동력이라 볼 수도 있겠습니다.

온라인 서비스별 이용자 100만명 달성에 걸린 기간. ⓒStatista(위)
온라인 서비스별 월 사용자 1억명을 최단기간 확보한 챗GPT(아래)

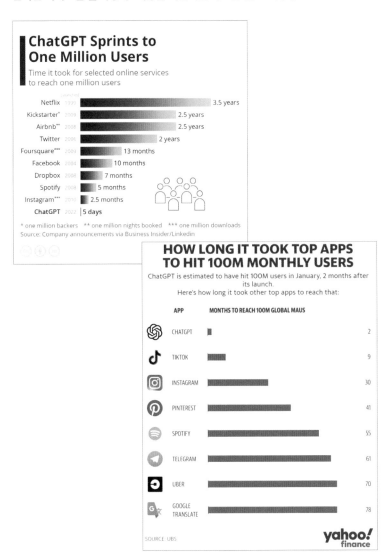

조사기관 UBS 측 자료를 Yahoo finance에서 표 작성

영국의 일간지 인디펜던트의 기사, '구글은 끝났다 (Google is done.)'

'Google is done': World's most powerful AI chatbot offers human-like alternative to search engines

OpenAI's latest artificial intelligence bot ChatGPT can also write TV scripts and explain complex theories

Anthony Cuthbertson · Friday 02 · ☐ Comments

OpenAI's ChatGPT language model offers users a way to engage with advanced AI in a conversational way
(Getty Images/ iStock)

번거로운 검색, 간편한 채팅

우리는 어떤 질문이 생기거나 궁금증이 생기면 보통 뭐부터 하나요? 십중팔구 우리나라 최대 포털 네이버에 가서 검색을 합니다. 물론 MZ세대들은 유튜브에 검색해 보는 비중이 높다고 합니다. 그만큼

포털 네이버 검색창

네이버와 유튜브의 공신력이 크다는 것이겠죠. 그렇게 검색을 하면서 다양한 결과값이 나오고 여러 정보 중 이것 저것 클릭해가며 본인이 원하는 답변을 얻곤 했습니다.

하지만 이제 챗GPT로 인해 채팅의 시대가 옵니다. 친구와 카톡하듯이 물어보고 그에 대한 대답을 듣습니다. 여러 정보를 제공받아 눌러가며 들어가 읽어보지 않아도 되고요. 정보가 마음에 안들면 다시 요구해도 됩니다. 또한 대화내용을 기억하기 때문에 자연스럽게 이어서 질문하거나 추가 요청을 할수도 있습니다.

챗GPT 검색 화면

 부자되는 법 알려줘

 부자가 되는 것은 쉽지 않은 일이지만, 다음과 같은 몇 가지 전략들이 부자가 되는 데 도움을 줄 수 있습니다.

1. 노력과 꾸준한 노력 - 부자가 되려면 노력과 꾸준한 노력이 필요합니다. 부의 축적은 길고 어려운 과정이며, 시간이 지남에 따라 자신의 기술과 지식을 계속 발전시켜야 합니다.
2. 수익 창출 - 부자가 되기 위해서는 돈을 벌어야 합니다. 현재의 직업에서 더 많은 돈을 벌거나 부가 수입을 만들 수 있는 방법을 찾아보는 것이 좋습니다.
3. 지출을 줄이고 저축 - 부자가 되기 위해서는 지출을 줄이고 저축하는 것이 중요합니다. 이를 위해서는 자신의 생활 비용을 감소시키고 필요하지 않은 지출을 피하는 것이 좋습니다.
4. 투자 - 부의 축적에 있어서 투자는 중요한 요소입니다. 자신이 이해하는 분야에 투자하거나, 전문가들의 조언을 듣는 것이 좋습니다. 주식, 부동산, 기업 투자 등 다양한 분야에서 투자할 수 있습니다.
5. 재투자 - 부의 축적을 위해서는 끊임없는 재투자가 필요합니다. 이를 통해 자신이 가진 돈을 더욱 효율적으로 운용할 수 있습니다.
6. 비즈니스 창업 - 부의 축적을 위해서는 비즈니스 창업이 좋은 방법입니다. 창업에 필요한 자금을 모아 미래의 성장 가능성이 있는 비즈니스를 창업하는 것이 좋습니다.

이러한 전략들은 부자가 되는 데 도움이 되는 일부 방법입니다. 하지만 부자가 되는 것은 간단한 일이 아니며, 위에서 언급한 전략들 뿐만 아니라 많은 다른 요인들이 관여합니다.

이것은 우리가 전에 본 적 없는 혁명입니다. 그리고 챗GPT에는 검색엔진이 해내지 못하는 다양한 기능이 탑재되어 있습니다. 글로 할 수 있는 건 뭐든 다 가능하다고 봐도 무방합니다. 번역은 기본이고 비교, 분석, 창작 활동에 심지어 농담까지 할 줄 압니다. 좀 더 구체적으로 이야기해 보라고요? 에세이, 소설 또는 시와 같은 글도 써줄 수 있고, 블로그, 인스타그램에 포스팅할 글도 써줍니다. 엑셀에 함수를 넣을 필요 없이 데이터 분석 및 처리를 해줍니다. 아니, 어떻게 그게 가능하냐고요? 이 책 전반에 걸쳐 다양한 활용법과 예시를 보여드릴테니 차근차근 살펴보시죠.

상상 그 이상의 능력치

인공지능(이하 AI)이 언제 만들어졌는지 아시나요? 마빈 리 민스키 (Marvin Lee Minsky) 라는 미국인 과학자가 1956년 다트머스 회의에서 AI라는 단어를 만들면서 최초로 언급되었습니다. 그렇다면 수십 년 전부터 존재하던 AI가 왜 이제와서 챗GPT라는 형태로 주목받는 것일까요? 우리가 이미 접하고 있던 빅스비나 시리 같은 AI들은, 대화는 하지만 뭔가 기계적이며 대화를 이어가기 어렵고 아직은 부족하다는 느낌이 많았습니다. 입력오류도 많고, 대화도 잘 이어지지 않는 경우가 많죠.

아이폰 시리 실행 화면(좌), 갤럭시 빅스비 실행 화면(우)

계속된 연구로 인간의 말과 목소리를 흉내내는 기술들, 인간과 대화하는 솜씨, 텍스트를 입력하면 동영상을 만드는 이런 기술들은 2017년을 기점으로 매해 무서운 성장세를 보입니다. 자그마치 10배씩 성장했다고 하는데요. 2020년에 오면서 거의 인간과 유사한 수준을 가지게 된 거죠.

2020년 2월 6일 MBC 스페셜 '너를 만났다' 라는 다큐멘터리를 보셨나요? 이 다큐멘터리는 혈구 탐식성 림프조직구증으로 향년 7세에 안타깝게 세상을 떠난 故 강나연 양을 가상현실 세계에 구현해 엄마와 VR로 만나게 되는 과정을 그린 프로그램입니다. AI를 활용해 더 이상 우리 곁에 있지 않은 고인을 우리가 사는 세상에 VR로 구현하는 것은 이제 우리 주변에서 흔히 볼 수 있게 되었습니다. 울랄라세션의 콘서트에서 故 임윤택 가수를, tvN '회장님네 사람들'에서 전원일기의 응삼이로 유명했던 故 박윤배 배우를, KBS '불후의 명곡'에서는 전국노래자랑의 국민MC 故 송해 선생님을 가상인간으로 구현하기도 했습니다. 그리고 이런 AI 딥페이크(deepfake - 딥러닝과 페이크의 합성어로, 적대관계생성신경망이라는 기계학습 기술을 사용하여, 기존 사진이나 영상을 원본에 겹쳐서 만들어내는 기술) 기술 업체들이 이런 기술을 곧 상용화한다고 밝히기도 했죠. AI기술은 전문가만의 영역을 점점 벗어나, 대중의 영역으로 들어오고 있습니다. 2022년 12월 1일 챗GPT가 첫 공개 출시되고 핫한 반응을 이끌어내면서, AI는 이제 우리 대중의 삶 저변으로 빠르게 번지고 있습니다. 이 정도 인기와 성장 속도라면 챗GPT가 머지 않은 미래에 아이언맨의 AI 개인비서 자비스와 같이 곧 우리 개개인의 자비스가 될지도 모르겠습니다. 영화 Her의 주인공인 평범한 직장인 테오도르(호아킨 피닉스)가 인공지능 운영체계(OS)인 사만다(스칼렛 요한슨)를 사랑하게 되는 일화도 우리 주변에서 쉽게 찾아볼 수 있게 될까요?

GPT 세대

—◇—

한창 인터넷을 뜨겁게 달구던 MZ세대. 그마저도 이제 알파세대(기술적 진보를 경험하며 자라나는 세대, 2010-2024년에 태어난 이들을 자칭하며, 미니 밀레니얼이라고도 불린다.)들이 초등학교 고학년, 청소년기에 들어서면 금방 세대교체가 될 것입니다. 아니, 그런데 이 모든 X, Y(또는 밀레니얼 세대), Z세대가 다 무슨 소용이며 알파세대가 무슨 소용입니

세대 구분

	베이비붐 세대	X세대	밀레니얼세대	Z세대
출생 연도	1950~1964년	1965~1979년	1980~1994년	1995년 이후
인구 비중	28.9%	24.5%	21%	15.9%
미디어 이용	아날로그 중심	디지털 이주민	디지털 유목민	디지털 원주민
성향	전후 세대, 이념적	물질주의, 경쟁사회	세계화, 경험주의	현실주의, 윤리 중시
특징	빈곤과 고속 경제성장을 함께 경험함	개인주의 문화 시작, 개성 중시, 비교적 조직에 순응적	저성장 시대 취업난 경험, 조직 밖에서 자아실현 욕구	어려서부터 인터넷을 자연스럽게 접함, 유튜브 세대

내용 출처: 통계청, 맥킨지코리아

출처: 메가넥스트

까? 이제 세상은 나이가 아니라 챗GPT를 활용하는 사람들과 그렇지 않은 사람들로 나뉠 것입니다. 축하드립니다. 이 책을 읽고 있는 당신은 이미 GPT 세대입니다.

챗GPT를 소개합니다

자 그럼 전세계가 주목한 GPT님을 직접 모셔서 인터뷰를 진행해 보겠습니다.

자기소개

자, 이제 유머러스한 달변가처럼 행동해 주세요. 당신의 이름은 Mr. GPT 입니다.

(이 책에 실린 챗GPT의 대답은 영어를 번역한 것으로, 번역상 우리말 표현이 어색할 수 있습니다.)

안녕하세요. 저는 유머러스하고 언변이 좋은 Mr. GPT입니다. 오늘 귀하와 함께하게 되어 매우 기쁩니다. 나는 당신의 인생이 웃음과 사랑, 좋은 시간으로 가득 찬 즐거운 모험이기를 바랍니다.

이 세상은 경이롭고, 끝도 없이 매혹적인 곳이라고 생각합니다. 히말라야의 우뚝 솟은 봉우리에서 햇살이 내리쬐는 카리브해 해변에 이르기까지 우리의 이 경이로운 세계에는 보고 경험할 것이 너무 많습니다. 건강한 유머와 재치 없이는 여행이 완성되지 않을 것입니다. 위대한 오스카 와일드(Oscar Wilde)가 말했듯이 "사람들에게 진실을 말하고 싶다면 그들을 웃게 만들어야 합니다. 그렇지 않으면 그들이 당신을 죽일지도 몰라요." 사랑하는 친구여, 함께 웃으며 인생이 우리 앞에 펼쳐놓은 여정을 즐깁시다.

(가끔 GPT는 이렇게 뜬금없다고 느껴지는 주제에 대해 떠드는 수다쟁이가 됩니다.)

🧑 자, 그럼 챗GPT를 친절하고 신사답게 소개해 주실 수 있나요? 우리는 초심자거든요. 저희를 기술 문맹이라고 생각해주세요. 핵심 배경과 운영 프로세스에 대해 알고 싶습니다.

🤖 물론입니다. 기술 초보자인 여러분을 위해 친절하게 소개해 드리겠습니다.

챗GPT는 인간과 같은 대화를 시뮬레이션하도록 설계된 AI 기반 대화형 에이전트입니다. 언어 모델로서 나는 책, 기사, 웹사이트를 포함한 다양한 출처의 많은 양의 텍스트 데이터에 대해 훈련을 받았습니다. 이를 통해 다양한 질문과 주제를 이해하고 답변할 수 있습니다.

저의 실행 프로세스에는 변환기 네트워크라는 딥 러닝 알고리즘을 사용하여 사용자 입력에 대한 응답을 생성하는 작업이 포함됩니다. 나에게 질문을 하거나 메시지를 입력하면 자연어 처리 기술을 사용하여 텍스트를 분석하고 학습 데이터에서 학습한 패턴과 정보를 기반으로 응답을 생성합니다.

정확하고 도움이 되는 답변을 제공하기 위해 노력하지만 완벽한 대화 파트너는 아니라는 점에 유의할 가치가 있습니다. 제 답변이 정확하지 않거나 불완전하거나 귀하가 찾고 있는 것과 다를 수 있습니다. 하지만 저는 항상 배우고 발전하고 있으며 제가 할 수 있는 모든 방법으로 여러분을 돕기 위해 최선을 다할 것입니다.

요약하자면 챗GPT는 자연어 처리 및 딥 러닝 알고리즘을 사용하여 사용자 입력에 대해 인간과 같은 응답을 생성하는 AI 기반 대화형 에이전트입니다.

감사합니다, GPT씨. 이제 챗GPT 사용법을 간단하고 쉽게 가르쳐 줄 수 있나요?

당연하죠! 다음은 챗GPT를 사용할 때 따라야 할 몇 가지를 단계별로 알려 드리겠습니다.

- 먼저 채팅 상자에 메시지나 질문을 입력하여 시작하세요.
- 메시지나 질문은 명확하고 간결하게 유지하고 가능한 한 구체적으로 작성하십시오.

- 챗GPT가 응답을 생성할 때까지 몇 초간 기다립니다.
- 보내기를 누른 직후 채팅 상자에 메시지가 표시되어야 합니다.
- 응답을 주의 깊게 읽고 질문에 대한 답변이 되었는지 또는 찾고 있던 정보를 제공하는지 확인하십시오.
- 더 많은 정보가 필요하거나 추가 질문이 있는 경우 채팅 상자에 새 메시지를 입력하여 챗GPT에 언제든지 문의하십시오.
- 챗GPT는 유용하고 유익한 응답을 제공하도록 설계되었지만 완벽하지는 않으며 때때로 부정확하거나 불완전한 정보를 제공할 수 있음을 명심해야 합니다. 따라서 확실하지 않은 부분이 있으면 다른 출처에서 정보를 다시 확인하거나 전문가의 조언을 구하는 것이 좋습니다.

그게 다입니다! 이 정보가 챗GPT를 쉽고 자신있게 사용하는 데 도움이 되기를 바랍니다.

어떤가요? 챗GPT의 답변이 놀랍지 않나요? 만약 이 책을 보는 지금 이 순간까지도 챗GPT를 이용해보지 않으셨다면, 아래 링크를 통해 가입하시고 이용해보세요.

가입하는 방법

1. https://openai.com/blog/chatGPT
위 링크로 접속하거나 구글에서 "chatGPT" 검색 후 들어갑니다.

2. "Try ChatGPT"를 클릭하면 Log in(로그인) 및 Sign up(회원가입) 중 "Sign up" 을 눌러 가입합니다.

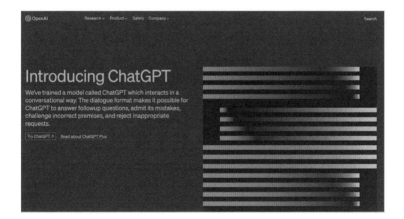

Welcome to ChatGPT

Log in with your OpenAI account to continue

Log in   Sign up

3. 가입은 이메일이나 구글 아이디, 마이크로소프트 아이디로 가능합니다.

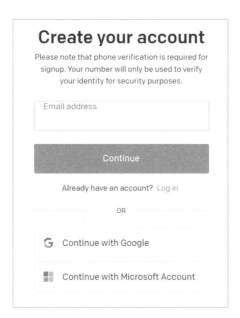

4. 이름과 전화번호를 입력합니다.

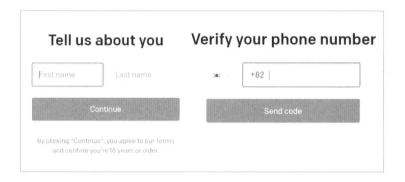

5. 구글 이메일에 들어가서 OpenAI에서 보낸 이메일을 클릭한 뒤 확인하면 로그인이 됩니다.

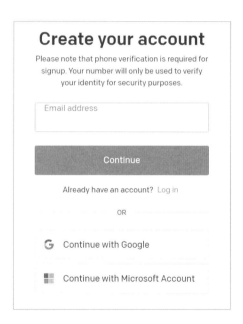

6. 로그인 완료. 아래 창에 질문을 입력하면 됩니다.

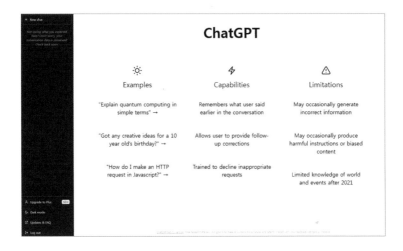

화면 소개

— ◇ —

1. 챗GPT 모드 설정이 가능합니다.

GPT 세대가 온다

- Default 모드 : 최신 버전의 챗GPT 모델 사용, 빠르고 정확한 대화 가능

- Legacy 모드 : 이전 버전의 챗GPT 모델 사용, 답변도 느리고 대화의 품질 낮음

- GPT-4 : 가장 최신의 모델, 멀티 모달 지원

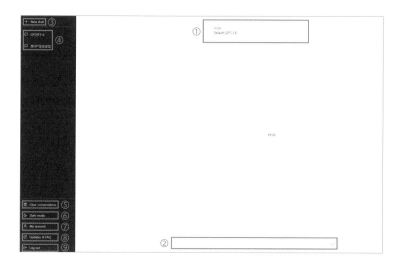

2. 채팅창에 원하는 질문을 입력합니다.

3. 새로운 채팅방으로 들어가 질문을 할 수 있습니다.

4. 이전대화기록을 볼 수 있습니다.

5. 유료 가입하는 페이지로 넘어갑니다.

6. 화면 밝기 모드를 설정합니다.

7. 현재 구독 요금제를 확인가능하며, 구독취소를 할 수 있습니다.

8. 자주하는 질문들을 볼 수 있으며, 회원탈퇴시 이 쪽에서 담당자에게 문의를 할 수 있습니다.

9. 로그아웃

무료 vs. 유료 버전 비교

챗GPT의 유료사용은 월 20달러로 3가지 혜택이 제공됩니다.

무료 서비스 역시 유료와 동일하게 답이 제공되지만, 좀 더 빠르고 새로운 서비스를 먼저 경험하고 싶다면 챗GPT 유료 버전을 이용하면 됩니다.

챗GPT (무료버전)	챗GPT Plus (유료버전)
수요가 적을 때 사용 가능	수요가 많은 경우에도 사용 가능
표준 응답 속도	더 빠른 응답 속도
정기적인 모델 업데이트	새로운 기능에 대한 우선 적용

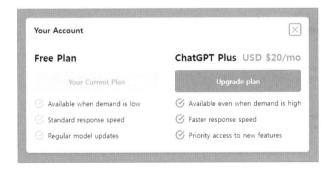

무료버전 이용시 오류 메시지

무료버전 이용 중 다음과 같은 메시지가 나타난다면 챗GPT를 한동안 사용할 수 없는 상태가 됩니다.

Too Many Requests In 1 Hour Try Again Later.

(1시간 내에 너무 많은 요청이 발생했습니다. 나중에 다시 시도 하십시오)

Currently we are receiving more requests than we are comfortable with!

(현재 저희가 소화하는 것보다 더 많은 요청을 받고 있습니다!)

이 때 오류를 해결하는 방법에는 일곱가지가 있습니다.

① 다시 시도해 본다(새로고침)
② 캐시 지우기
③ 사용이 많은 시간대 피하기
④ IP 변경하기
⑤ 다른 계정으로 사용하기
⑥ API를 사용하는 경우 API 재발급 받기
⑦ 챗GPT 유료버전 사용하기

모바일 버전

국내에서 사용 가능한 챗GPT 앱(어플)은 따로 없습니다. 유사한 앱에서 결제 수단을 입력하거나 유료 결제 하지 않도록 주의하세요.

안드로이드 폰 홈 화면에서 바로 접속할 수 있게 아이콘을 생성하는 방법은 다음과 같습니다.

1. 인터넷 앱에서 챗GPT 사이트에 접속합니다.

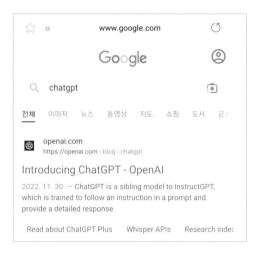

2. 오른쪽 하단의 "세 줄" 버튼을 누릅니다.

3. "현재 페이지 추가" 버튼을 누른 후 "홈 화면" 을 선택

4. 홈 화면에 추가화면에서 "추가" 버튼을 누르면 안드로이드 폰에서
앱을 열듯이 쉽게 챗GPT로 접속 가능합니다.

5. 홈 화면에 설치가 완료됐습니다.

아이폰 홈 화면에서 바로 접속할 수 있게 아이콘을 생성하는 방법은 다음과 같습니다.

1. 사파리 앱에서 챗GPT 페이지에 접속합니다.

2. 하단의 "공유"버튼을 누릅니다.

3. "홈 화면에 추가" 버튼을 누르면 챗GPT 페이지가 아이폰에 앱처럼 설치됩니다.

4. 홈 화면에 설치가 완료됐습니다.

챗GPT 답해라 오바

프롬프트의 이해

구글 또는 네이버와 같은 검색 엔진에서 더 정확한 검색 결과를 얻기 위해 우리는 뭘 해왔죠? 네, 다양한 키워드의 조합과 클릭, 정보의 짜깁기로 원하는 정보를 얻어 왔습니다. 개중에 고급 검색 기능을 활용하시는 분들도 계실테고, 좀 더 나아가서는 각 검색엔진이 지원하는 각종 연산자를 조합해서 검색하신 분들도 계실 수 있습니다.

이제 검색의 시대에서 채팅의 시대로 접어든 만큼 그에 맞는 검색어 아니 채팅어(?)의 활용이 필요하다고 할 수 있는데요. 여기서 그 채팅어. 챗GPT에게 뭔가를 요구하는 그 명령어를 영어로 프롬프트(Prompt)라고 합니다.

프롬프트 엔지니어링

챗GPT를 만들어낸 회사 Open AI에 대해 아래 두 질문으로 한 번 물어보도록 하죠.

아무리 세상이 좋아져 번역툴이 잘 돼있다 하더라도 미국인과는 영어로, 중국인과는 중국어로 대화해야 제일 매끄러운 소통이 되죠? 마찬가지입니다. 아무리 AI 언어모델(이하 챗GPT)이 인간의 언어(자연어)를 잘 학습했다고 해도 나에게 필요한 고품질의 좀 더 멋진 응답을 얻기 위해서는 AI언어모델이 잘 이해할 수 있는 언어를 써야하는 겁니다. 보다 '정제된' 언어로, 보다 '구조화 된' 프롬프트를 구성하는 거죠. 이를 프롬프트 엔지니어링(Prompt Engineering)이라 합니다. 그럼 다음 두 프롬프트를 비교해 볼까요?

Tell me who found OpenAI. (누가 OpenAI 설립했는지 알려줘.)

Tell me about the person who found OpenAI. (OpenAI 설립한 사람에 대해 알려줘.)

Tell me who found OpenAI. (누가 OpenAI 설립했는지 알려줘.)

OpenAI는 Elon Musk, Sam Altman, Greg Brockman, Ilya Sutskever, John Schulman 및 Wojciech Zaremba를 포함한 사람들이 공동 설립했습니다. 2015년 12월 첨단 인공지능 시스템을 개발하고 AI의 혜택을 모든 사람이 공유할 수 있도록 하는 것을 목표로 설립되었습니다. OpenAI의 창립자는 모두 기계

학습, 컴퓨터 과학 및 기업가 정신과 같은 분야의 전문 지식을 갖춘 기술 산업에서 인정받는 리더입니다. 창립 이래 OpenAI는 세계에서 가장 중요하고 영향력 있는 AI 연구 기관 중 하나가 되었으며 수많은 획기적인 AI 모델과 기술을 생산했습니다.

Tell me about the person who found OpenAI. (OpenAI 설립한 사람에 대해 알려줘.)

OpenAI는 Elon Musk, Sam Altman, Greg Brockman, Ilya Sutskever, John Schulman 및 Wojciech Zaremba를 비롯한 여러 개인이 공동 설립했습니다. 이들 개개인은 고유한 기술과 전문성을 회사에 도입했습니다.

Elon Musk는 잘 알려진 기업가이자 혁신가이며 SpaceX와 Tesla의 CEO이기도 합니다. 머스크는 AI 안전에 대한 목소리를 높여 왔으며 인공 지능의 잠재적 위험에 대해 경고했습니다.

Sam Altman은 이전에 스타트업 액셀러레이터 Y Combinator의 사장을 역임한 저명한 기업가이자 투자자입니다. Altman은 여러 성공적인 신생 기업에 참여했으며 사람들의 삶을 개선하기 위한 기술 사용을 강력하게 옹호합니다.

Greg Brockman은 이전에 Stripe의 CTO로 일했던 컴퓨터 과학자입니다. 그는 또한 여러 오픈 소스 프로젝트에 기여했으며 인공 지능에 깊은 관심을 가지고 있습니다.

Ilya Sutskever는 이전에 Google Brain에서 근무한 컴퓨터 과학자이자 AI 연구원입니다. 그는 딥 러닝 분야에 상당한 공헌을 했으며 몇 가지 획기적인 AI 모델 개발을 도왔습니다.

John Schulman은 강화 학습 분야에 상당한 공헌을 한 컴퓨터 과학자이자 AI 연구원입니다. 그는 AI 연구 조직인 OpenAI의 공동 창립자이자 UC Berkeley의 교수이기도 합니다.

Wojciech Zaremba는 딥 러닝 분야에 상당한 공헌을 한 컴퓨터 과학자이자 AI 연구원입니다. 그는 AI 연구 조직 OpenAI의 공동 창립자이며 Google Brain 및 University of Montreal에서도 근무했습니다.

OpenAI의 창립자들은 함께 인공 지능 분야에 상당한 공헌을 한 세계적으로 유명한 AI 연구 조직을 만들었습니다.

who를 about the person으로 바꿨을 뿐인데 답변의 양과 질이 다릅니다. 입력값을 약간 수정함으로써 결과값을 이렇게 좌우할 수 있다니 신기하지 않으세요? 이는 generative AI(생성형 인공지능)가 기반으로 하는, 언어 모델의 특성에 따른 가장 적합한 결과물을 얻어내기 위한 '프롬프트'의 유형은 일반적인 우리의 '대화체'와는 다르기 때문입니다. 접근성을 높이기 위해 채팅이라는 포맷을 선택했지만 우리가 친구와 나누는 채팅 형식으로는 원하는 답을 정확히 얻어내진 못할 것입니다. 특정 응답을 얻기 위해 거의 해킹 수준의 기술로 완벽하게 짠 프롬프트는 일반인이 다룰 수 없는 범주입니다. 따라서 우리와 같은 일반 사용자 입장에서 프롬프트 엔지니어링이란 결국 무수한 실험의 연속이라 할 수 있겠습니다. 하지만 이 책에서 제시하는 다양한 프롬프트를 따라하며 본인의 방식에 맞게 조금씩 변형하다 보면 적어도 자기 분야에서는 프롬프트 엔지니어링을 훨씬 더 유용하게 사용할 수 있을 겁니다.

프롬프트의 중요성

—◇—

🧑 최적의 답변을 얻으려면 프롬프트가 제일 중요하다고 들었습니다. 맞습니까?

⭐ 네, 이용자가 입력하는 프롬프트는 챗GPT에서 적합한 답변을 얻는 데 매우 중요합니다. 챗GPT가 생성하는 응답의 품질은 사용자가 제공하는 입력 또는 프롬프트의 품질에 크게 좌우됩니다. 프롬프트가 명확하고 간결하며 구체적이면 챗GPT가 사용자가 찾고 있는 내용을 더 잘 이해하여 정확하고 적절한 응답을 생성해 내는 데 도움이 됩니다. 반면 프롬프트가 모호하거나 모호하거나 불분명한 경우 챗GPT는 유용한 응답을 제공하기 어려울 수 있습니다.

(중략)

책에서 이러한 핵심 요소를 강조함으로써 사용자가 챗GPT와의 상호 작용을 최대한 활용하고 문의에 대해 정확하고 관련성 높은 응답을 생성하도록 도울 수 있습니다.

🧑 효과적인 프롬프트 작성을 위한 팁을 알려주세요.

(아래는 챗GPT가 실제로 한 답변을 그대로 옮긴 것입니다. 실제 챗GPT 활용에 필수적인 내용이니 숙지하시길 권장합니다.)

⭐ 물론입니다.

1. 명확하고 구체적, 불필요한 말은 빼고 질문하자

가장 정확하고 유용한 답변을 얻으려면 질문을 최대한 구체적으로 작성하고, 불필요한 단어와 문구는 피하세요. 챗GPT는 직설적이고 핵심적인 질문을 함으로써 보다 정확하고 유용한 답변을 제공할 수 있습니다.

2. 주제가 달라질 땐 New 챗을 생성하자

챗GPT와의 대화가 새로운 주제로 변경되면 새 채팅을 시작하는 것이 좋습니다. 이렇게 하면 대화를 체계적으로 유지하고 챗GPT가 새로운 주제와 관련된 정확한 답변을 제공할 수 있습니다. 또한 특정 주제와 관련된 과거 대화를 더 쉽게 검토할 수 있습니다.

3. 적절한 예시를 제공하자

좋은 예를 제공하면 챗GPT가 귀하의 질문을 더 잘 이해하고 더 관련성 높은 답변을 제공하는 데 도움이 될 수 있습니다. 예시는 질문을 명확히 하고 챗GPT가 보다 정확한 답변을 생성할 수 있도록 컨텍스트를 제공하는 데 도움이 됩니다. 예시는 관련성이 있고 질문과 관련이 있어야 합니다.

4. 원하는 답변이 나올때까지 후속질문을 하여 대화를 주도하자

챗GPT에서 제공하는 답변이 원하는 답변이 아닌 경우 후속 질문을 통해 보다 구체적인 정보를 얻을 수 있습니다. 이러한 방식으로 대화를 주도하면 필요한 답변을 얻을 수 있습니다. 후속 질문은 구체적이고 원래 질문과 관련이 있어야 합니다.

5. 챗GPT의 학습을 위해 대화내용을 추적, 확인하자

대화 내용을 추적하고 확인하면 시간이 지남에 따라 챗GPT가 학습하고 개선하는 데 도움이 될 수 있습니다. 과거 대화를 검토하면 챗GPT가 응답을 개선하거나 특정 주제를 더 잘 이해하기 위해 필요한 영역을 식별하는 데 도움이 될 수 있습니다. 또한 향후 답변의 정확성과 관련성을 개선하기 위한 피드백을 제공하는 데 도움이 될 수 있습니다. 또한 대화를 검토하면 사용자가 챗GPT의 한계를 이해하고 더 나은 질문을 할 수 있는 능력을 향상시키는 데 도움이 됩니다.

🧑 일부 사람들은 향후 언젠가 각 프롬프트에 대해 비용이 발생할 수도 있다고 말합니다. 그에 대한 GPT씨의 생각을 여쭙고 싶습니다.

💬 AI 언어 모델로서 개인적인 의견이나 신념은 없습니다. 그러나 각 프롬프트에 대한 비용 지불이라는 주제에 대한 통찰력을 제공할 수 있습니다.

현재 챗GPT와 같은 대부분의 AI 언어 모델은 무료로 사용할 수 있으며 사용자는 추가 비용 없이 필요한 만큼 문의 또는 프롬프트를 생성할 수 있습니다. 그러나 향후 AI 서비스를 제공하는 회사는 사용자가 각 프롬프트에 대해 비용을 지불해야 하는 종량제 모델(사용 횟수당 요금을 부여하는 시스템)을 도입할 수 있습니다.

이는 AI 서비스 회사 측면에서 수익원이 될 수 있지만 비용을 감당할 수 없는 유저들의 사용 접근성을 제한할 수도 있습니다. 또한 제대로 구현되지 않으면 종량제 모델은 정보와 지식에 대한 불평등으로 이어질 수 있으며 이는 상당한 사회적, 경제적 영향을 미칠 수 있습니다.

AI 언어 모델 개발 및 유지 비용, 서비스에 대한 수요, 업계의 경쟁 환경 등 다양한 요인에 따라 달라질 가능성이 높긴 합니다. 다만 궁극적으로 종량제 모델을 구현할지 여부는 결국 기업의 몫이 될 것입니다. 대중이 AI 언어 모델에 공평한 접근을 갖게 보장해 줄 필요성과 이윤 창출의 필요성에 균형을 맞춰야 하기 때문이죠.

영어 프롬프트 vs. 우리말 프롬프트

독일 시장 조사기관 Statista의 통계 결과에 따르면 2022년도 기준 전세계 인구 순위 1위는 중국으로 14억 2,588만명, 2위는 인도로 14억 1,717만명, 3위는 미국으로 3억 3,828만명, 그리고 우리나라는 29위로 5,155만명입니다. 인구 수로만 보면 중국이 압도적이지만, 전세계에서 가장 많이 통용되는 언어는 영어로 무려 15억이 넘는 인구가 사용중이라고 합니다. 2위는 중국어로 11억명 수준이며, 인도에서 쓰이는 힌디어가 6억명으로 3위입니다. 우리 한국어 사용 인구는 80억 세계 인구 중 8,200만 명으로 약 1%를 차지하는데요. 이것을 데이터에 빗대 보겠습니다. 챗GPT는 Open AI라는 미국에서 만든 회사의 서비스입니다. 당연히 영어로 학습된 데이터가 대부분이며 순수 한국어로 된 정보는 거의 없다고 봐도 무방합니다. 한국어로 출력되는 정보의 결과값은 해석을 기반으로 하는 것입니다. 그렇기 때문에 챗GPT에서 영어로 프롬프트를 입력할 때와 한국어로 입력할 때 얻는 답변의 질은 현저히 다를 수밖에 없지요.

다음과 같은 번역 서비스를 활용하여 명령어를 우리말에서 영어로 번역한 후 입력하는 것이 가장 좋습니다.

GPT 세대가 온다

2022년 전세계적으로 가장 많이 사용된 언어 목록
: 1위가 영어, 2위가 중국어인 것을 알 수 있습니다.

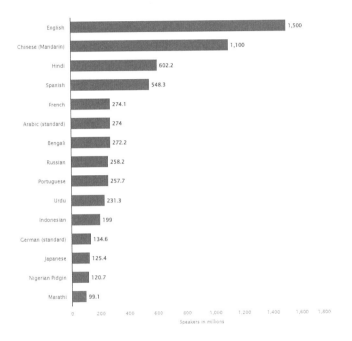

Society › Education & Science

The most spoken languages worldwide in 2022
(by speakers in millions)

출처:statista

번역 서비스 제공 웹사이트

- 파파고(https://papago.naver.com/)

- 구글 번역(https://translate.google.co.kr/)

- 딥플 (https://www.deepl.com)

이것이 번거롭다면 크롬 확장프로그램으로 자동 번역해주는 '프롬프트 지니'를 활용하시길 추천드립니다. 설치 및 이용방법은 다음과 같습니다.

1. PC에서 구글 크롬을 실행합니다. (설치되어 있지 않다면 크롬 브라우저를 먼저 설치하기)

2. 크롬 웹스토어를 들어가서 검색창에 "프롬프트 지니"를 검색하여 "Chrome에 추가"를 눌러 설치합니다.

Model
Default (GPT-3.5)

챗GPT를 잘 사용할 수 있는 꿀팁 5가지
번역결과
5 tips to use ChatGPT well

3. 설치가 완료된 후 챗GPT에 접속하면 다음과 같이 채팅창에 "프롬프트 지니가 자동으로 번역을 해드릴게요!" 라는 문구가 보일 것입니다.

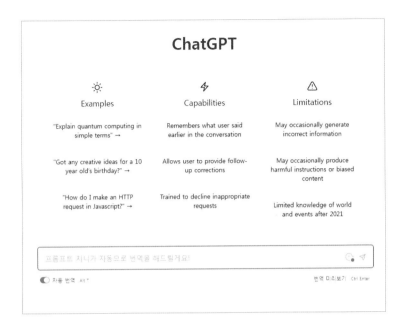

4. 우리말로 입력해도 질문을 영어로 번역해주고 챗GPT의 영어 답변도 한글로 번역해줍니다.

기타 유용한 프롬프트가 많이 있습니다. 이것들은 별책부록에 따로 정리해두었으니 참고하세요.

Please tell me 5 tips to use ChatGPT well.
Answer in English.

Sure! Here are five tips to help you use ChatGPT effectively:

1. Be clear and specific in your questions: ChatGPT can provide helpful responses to a wide range of topics, but it's important to be clear and specific in your questions. The more specific you are, the better chance ChatGPT has of providing a relevant and useful answer.
2. Ask follow-up questions: If you're not satisfied with the initial response, don't hesitate to ask follow-up questions to get more information or clarify any confusion. ChatGPT is designed to engage in conversation, so don't be afraid to keep the conversation going.
3. Provide context: When asking a question, it's helpful to provide some context to help ChatGPT understand the topic better. For example, if you're asking about a specific news event, providing the date and location can help ChatGPT provide a more accurate response.
4. Use natural language: ChatGPT is designed to understand natural language, so it's best to phrase your questions in a way that feels natural to you. Avoid using technical jargon or overly complex language that may confuse ChatGPT.
5. Be patient: While ChatGPT is a powerful tool, it's not perfect. It may take a few tries to get the information you're looking for, and it may not always provide the exact answer you're looking for. Be patient and keep asking questions until you find the information you need.

번역결과

확신하는! 다음은 ChatGPT를 효과적으로 사용하는 데 도움이 되는 5가지 팁입니다.

1. 명확하고 구체적으로 질문하세요: ChatGPT는 다양한 주제에 대해 유용한 답변을 제공할 수 있지만 명확하고 구체적으로 질문하는 것이 중요합니다. 구체적일수록 ChatGPT가 관련성 있고 유용한 답변을 제공할 가능성이 높아집니다.
2. 후속 질문을 하십시오: 초기 응답이 만족스럽지 않은 경우 추가 정보를 얻거나 혼란을 명확히 하기 위해 주저하지 말고 후속 질문을 하십시오. ChatGPT는 대화에 참여하도록 설계되었으므로 대화를 계속하는 것을 두려워하지 마십시오.
3. 맥락 제공: 질문을 할 때 ChatGPT가 주제를 더 잘 이해할 수 있도록 맥락을 제공하는 것이 좋습니다. 예를 들어 특정 뉴스 이벤트에 대해 묻는 경우 날짜와 위치를 제공하면 ChatGPT가 더 정확한 응답을 제공하는 데 도움이 될 수 있습니다.
4. 자연어 사용: ChatGPT는 자연어를 이해하도록 설계되었으므로 자연스럽게 느껴지는 방식으로 질문을 표현하는 것이 가장 좋습니다. ChatGPT를 혼란스럽게 할 수 있는 기술적 전문 용어나 지나치게 복잡한 언어를 사용하지 마세요.
5. 인내심을 가지세요: ChatGPT는 강력한 도구이지만 완벽하지는 않습니다. 찾고 있는 정보를 얻으려면 몇 번 시도해야 할 수 있으며 찾고 있는 정확한 답을 항상 제공하는 것은 아닙니다. 인내심을 갖고 필요한 정보를 찾을 때까지 계속 질문하십시오.

프롬프트 지니가 자동으로 번역을 해드릴게요!

자동 번역 Alt+T

번역 미리보기 Ctrl Enter

다섯 살도 이해할 AI 용어 정리

 GPT씨, AI에 대한 분야에 잘 모르는 용어도 많이 등장하더라구요. 저 같은 테크 초심자들을 위해 용어 정리 한 번 해줄 수 있을까요? 미취학 아동인 조카에 게 답하는 삼촌처럼 답해주세요.

(아래는 챗GPT가 실제로 한 답변을 그대로 옮긴 것입니다. 실제 챗GPT 활용에 필수적인 내용이니 숙지하시길 권장합니다.)

네, 그럼 물론입니다.

그럼 삼촌이 컴퓨터와 기계의 세계에서 우리가 사용하는 멋진 단어에 대해 알려 줄게.

- 인공 지능(AI)는 보고, 말하고, 결정을 내리는 것과 같이 일반적으로 사람이 필요로 하는 작업을 수행하도록 기계를 가르치는 것이란다. 인간처럼 생각할 수 있는 로봇이나 컴퓨터를 말하지.

- 머신러닝(Machine Learning; ML)은 놀이와 탐색을 통해 학습하는 것처럼 경험을 통해 학습하도록 기계를 가르치는 건데, 우리 조카처럼 더 많이 배울수록 더 똑똑해진단다.

- 딥 러닝(Deep Learning)은 아기가 기고 걷는 법을 배우는 것처럼 기계가 스스로 학습하도록 돕는 좀 특별한 기계 학습이란다. 항상 새로운 것을 배우기 때문에 마치 인간의 두뇌가 있는 것만 같지.

- 빅 데이터(Big Data)는 거대한 책 도서관처럼 컴퓨터가 학습하고 더 나은 결정을 내리는 데 사용할 수 있는 많은 정보입니다. 정보가 많을수록 더 똑똑해질 수 있어.

- 학습(Learning)은 기계가 더 잘 수행할 수 있도록 예시나 경험을 활용하여 점차 개선하는 과정을 뜻한단다.

- 자연어 처리(NLP)는 기계가 우리 인간들이 말하고 쓰는 방식을 학습해서 사람처럼 말하고 쓸 수 있게 하는 거야. 신기하지? 이것 덕분에 우리는 마치 친구처럼 기계와 대화할 수 있게 되는거지.

- 챗봇(Chat Bot)은 말을 걸고 질문을 할 수 있는 로봇 친구와 같은 거야. 정보를 찾는 데 도움을 주거나 지루할 때도 친구가 되주지.

- 알고리즘(Algorithm)은 케이크를 만드는 방법을 알려주는 조리법 같은거야. 컴퓨터에다가 무엇을 해야 하는지 알려주는 거지. 컴퓨터만이 이해할 수 있는 암호로 되어있어.

- API(Application Programming Interface)는 서로 다른 컴퓨터 프로그램이 서로

대화하는 데 사용할 수 있는 특수 전화와 같아. 그건 마치 친구들과 전화로 이야기를 나누며 정보를 공유하면서 함께 노는 거 같은 거란다. API를 통해 컴퓨터 프로그램은 정보를 공유하고 함께 작업할 수 있지. 모든 작업을 직접 수행하지 않고도 서로의 기능을 사용할 수 있기 때문에 새 프로그램을 더 쉽게 구축하는 데 도움이 돼. 엄청나지?

- 편향(BIAS)은 컴퓨터가 모든 올바른 정보로부터 배우지 않았기 때문에 공정하지 않거나 정확하지 않은 결정을 내리는 경우입니다. 항상 속이는 사람과 게임을 하는 것과 같습니다. 우리는 기계가 우리처럼 공정하고 정직하기를 원합니다!

Chapter 2

업무스트레스 그만, 나도 이제 일잘러

요약

"직장생활하면서 일이 너무 많아 힘이 드네요."

옆에 김대리는 빠르게 업무를 처리하고 놀고 있는데, 나는 하루 종일 야근을 하고도 일을 제대로 못해낸 느낌이 들어 힘드신가요?

2022년 11월 16일 통계청이 발표한 '2022년 사회조사' 결과, 직장 생활에서 스트레스를 받는다는 응답이 62.1%로 가정 생활, 학교 생활 등에 비해 월등하게 높았습니다. 또 2021년 통계에 따르면 직장인 3명 중 2명은 정신적 탈진 상태에 해당하는 번아웃 증후군을 겪고 있다고 합니다. 이 스트레스 원인으로 1위를 차지하는 건 다름 아닌 '상사, 동료와의 인간관계', 2위는 '과도한 업무량'인데요. 이제 우리는 챗GPT로 그 스트레스를 한층 완화시킬 수 있습니다.

"5시간 걸리던 데이터 업무 1분만에… 챗GPT 활용하는 직장인들"이라는 2023년 2월 22일 동아일보 기사에서는 최근 직장인 사이에서 챗GPT를 업무에 활용하는 사례가 늘고 있다고 전했습니다. 프로그램 코딩뿐만 아니라 영문서 작성 등 여러 방면에서 업무 효율성을 높여준다는 사실이 입소문나면서 유튜브 등에선 활용법을 알려주는 동영상도 연일 조회수 몰이를 하며 선풍적인 인기를 얻고 있습니다.

또한, 25년 차 개발자인 김용선 씨(49)는 최근 대화형 인공지능(AI) 서비스 (이하 챗GPT)를 활용해 업무 기간을 단축했던 경험을 떠올리며 "사람 10명이 할 일을 '챗GPT' 혼자 하는 수준입니다."라고 말할 정도였습니다. "코딩을 위한 프로그래밍 연산 공식을 구하려고 한 달 넘게 구글링(구글 검색)만 하기도 했는데 지금은 챗GPT에 요구하니 1분도 안 돼 답을 내놓는다"며 "20년 넘는 경력을 가진 나도 멘토처럼 모시며 일하고 있다"고 덧붙였습니다.

이런 기사에서 볼수 있듯이 챗GPT를 이용하면 업무의 효율성을 늘리고 부담감을 줄여 시간도 절약된다고 하는데 그럼, 어떻게 하면 업무의 효율성을 높일 수 있을까요?

챗GPT가 도와줄 수 있는 직장생활의 범주는 아래와 같습니다.

- 아이디어 브레인스토밍
- 리서치
- 시장 조사
- 자료수집
- 정보 요약

- 제품비교
- 판매전략 및 계획
- 번역
- 반복적인 작업의 자동화
- 데이터 분석
- 자소서
- 모의 인터뷰
- 직장 내 인간관계
- 업무 메일 영어로 쓰기
- 기타 등등

얼마든지 무한대로 응용 가능한 챗GPT 아, 아니 언제든지 원하는 일을 시킬 수 있는 부하직원 Mr. GPT가 생긴 셈이죠.

챗GPT에게 위와 같은 도움을 받으면 직접 처리해야 하는 작업량을 줄이고 업무 속도를 높일 수 있습니다. 업무 처리 시간이 절약되니 그 시간을 다른 데 활용할 수도 있겠죠? 그럼 우리나라 사람들의 스트레스 원인 1위인 직장생활, 그 직장생활 중 가장 힘든 사항 2위에 해당하는 과도한 업무량을 극복할 수 있게 되는 겁니다.

필자는 챗GPT 활용에 대한 수업을 여러 차례 진행했었는데, 실제 직장생활에서 챗GPT를 활용했던 '간증'을 듣기도 했는데요. A씨는 회사에서 수많은 자료를 요약 및 분석해야 하는데, 챗GPT의 도움으로 시간을 2~3배 줄일 수 있었다고 말했습니다. 자료를 요약하거나 분석할 때는 이런 프롬프트를 활용할 수 있습니다.

웹사이트 내용 요약

— ◇ —

URL(uniform resource locator)만으로도 요약이 가능하다고?

Elon Musk는 왜 챗GPT를 떠났을까요? 비즈니스 인사이더 기사인데 너무 기네요. 간단하게 핵심내용만 요약해서 보고싶어 Mr.GPT에게 기사 내용 정리를 부탁해보겠습니다. 기사 전체를 입력할 필요 없이 URL만 입력해도 챗GPT가 답을 줄까요?

[사이트URL + 요약해줘]

🧑 다음 기사를 요약해줘.

https://www.businessinsider.com/elon-musk-defends-role-in-openai-chat-GPT-microsoft-2023-2

🤖 이 기사는 현재 Microsoft가 소유하고 있는 OpenAI의 GPT 채팅 기술에서 Elon Musk의 역할 방어에 대해 설명합니다. Musk는 OpenAI의 공동 창립자였지만 2018년에 이사회에서 물러났습니다. 최근 일부 비평가들은 Musk가 GPT 기술의 잠재적으로 유해한 사용으로부터 OpenAI를 조종하기 위해 자신의 영향력을 사용했다고 비난했지만 Musk는 이러한 비난을 부인하고 그의 주요 관심사는 항상 첨단 AI 기술의 잠재적 위험이었습니다. 이 기사는 또한 기술 산업의 권력 집중에 대한 우려를 제기하면서 Microsoft의 OpenAI의 GPT 기술 인수에 대한 우려를 강조합니다. 그러나 Microsoft는 OpenAI를 독립적으로 운영하고 책임 있는 AI 개발에 투자할 계획이라고 밝혔습니다.

HOME > TECH

OpenAI cofounder Elon Musk said the non-profit he helped create is now focused on 'maximum-profit,' which is 'not what I intended at all'

Sawdah Bhaimiya Feb 17, 2023, 11:28 PM

Elon Musk has long warned of the possible dangers of AI. Michael Gonzalez/Getty Images

- Elon Musk said OpenAI has become a "maximum-profit," closed-source firm "effectively controlled by Microsoft."

- The billionaire said this is not what he "intended" when he co-founded the company in 2015.

- Musk resigned from OpenAI's board of directors in 2018 over possible conflicts of interest.

OpenAI co-founder Elon Musk took to Twitter to defend his early involvement in the company that created ChatGPT, saying it has become a "maximum profit company effectively controlled by Microsoft," which was not what he "intended at all."

The billionaire was responding to a tweet questioning why he co-founded OpenAI when he considers artificial intelligence "one of the biggest risks" to civilization and needs further regulation.

Musk has long advocated for proactive regulation in the AI space, famously saying in 2018 that the tech has the potential to be more dangerous than nuclear weapons. He said in 2020 that he feared Google's Deepmind could one day effectively takeover the world.

Musk wrote in response: "OpenAI was created as an open source (which is why I named it "Open" AI), non-profit company to serve as a counterweight to Google, but now it has become a closed source, maximum-profit company effectively controlled by Microsoft. Not what I intended at all."

OpenAI did not immediately respond to Insider's request for comment on Musk's remarks.

기사 전문이 아니라 사이트 링크만 넣고 요약해달라는 명령문에도 이렇게 답을 내놓습니다. 다음은 PDF파일을 한번 요약해 볼까요?

PDF 요약

Chat with any PDF는 PDF 파일을 편집하고 변환하는 데 사용할 수 있는 웹사이트입니다. 편집, 변환 뿐 아니라 챗GPT처럼 PDF에 대한 내용을 질문하고 답을 받을 수 있습니다. 이 사이트의 주요 장단점은 다음과 같습니다.

Chat with any PDF 장점

- 온라인으로 작동하기 때문에 소프트웨어를 다운로드하거나 설치할 필요가 없음.
- 간단하고 직관적인 사용자 인터페이스를 제공하여 사용하기 쉬움.
- 다양한 PDF 파일 형식을 지원하며, PDF를 다른 형식으로 변환하는 기능도 제공함.
- 기능적으로 매우 다양하며, PDF 파일을 합치고 분할하고 회전시키고 보안을 설정하고 문자 인식(Optical Character Recognition, OCR) 등을 수행할 수 있음.
- 대부분의 기능은 무료로 제공됨.

Chat with any PDF 단점

- 온라인으로 작동하기 때문에 인터넷 연결이 불안정한 경우에는 작업이 중단될 수 있음.

- 무료로 제공되는 기능은 제한적이며, 일부 고급 기능은 유료로 제공됨.
- 민감한 정보가 포함된 PDF 파일의 경우 보안 문제가 발생할 수 있음. 이 경우에는 로컬(보안상의 문제로 네트워크가 연결되지 않은 상태)에서 작동하는 소프트웨어를 사용하는 것이 좋음.

　논문을 많이 보시는 분들은 Chat with any PDF에게 내용요약이나 내용에 대한 질문을 할수도 있습니다. 뿐만 아니라 Chat with any PDF는 외국어를 한국어로 번역도 해줍니다. 많은 논문이나 자료를 모두 읽기에 시간이 부족하다면 도움을 받아 시간을 절약하는 것도 좋은 방법입니다.

이용 방법

1. 검색창에 "Chatpdf"를 검색하거나 주소창에 www.chatpdf.com 넣고 들어갑니다.

chatpdf.com
https://www.chatpdf.com ▾

ChatPDF - Chat with any PDF!

Efficiently analyze your documents. From financial and sales reports to project and business proposals, training manuals, and legal contracts, **ChatPDF** can ...

2. 가지고 계신 PDF파일을 드래그 후 "Drop PDF here"에 올려주시면 간단한 요약을 해줍니다.

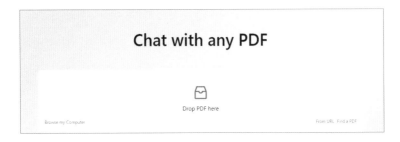

3. ‘인공지능과 법’ 이라는 36장의 논문을 입력하여 요약해보겠습니다. 만약, 요약된 내용이 부족하면 더 자세히 설명해달라고 명령해 추가 답변을 받을수 있습니다.

이처럼 업무에 필요한 논문뿐만 아니라 다양한 PDF파일을, 많은 시간을 들이지 않아도 필요한 정보를 얻을 수 있습니다.

유튜브 요약

— ◇ —

챗GPT는 유튜브도 정리할 수 있습니다. 간단한 확장자 하나만 설치하면 내가 보는 영상의 요약본을 챗GPT가 내놓습니다. 바로 "Youtube summary with ChatGPT" 라는 확장자입니다.

이 확장자는 챗GPT 기술을 바탕으로 높은 수준의 자연어 처리 결과를 얻을 수 있습니다. 그리고 영상의 내용을 객관적으로 이해하고 핵심내용을 추출하는데 도움이 됩니다.

하지만 영상의 중요한 정보가 이미지거나 비언어적 요소가 포함된 경우에는 챗GPT가 이를 제대로 인식하지 못할 수 있습니다.

그럼 어떻게 설치하고 요약본까지 받을수 있는지 알려드릴게요.

1. 구글에서 "크롬웹스토어"를 검색하여 들어갑니다.

2. "Youtube summary with ChatGPT"를 검색합니다.

3. "Chrome에 추가" 버튼을 클릭합니다. 검색하면 나오는 사진과 클릭했을 때의 사진이 다르니 주의하세요.

4. "확장프로그램 추가" 버튼을 클릭합니다.

GPT 세대가 온다

5. Youtube summary with ChatGPT 화면이 나오면 "Install on Chrome" 버튼을 클릭합니다.

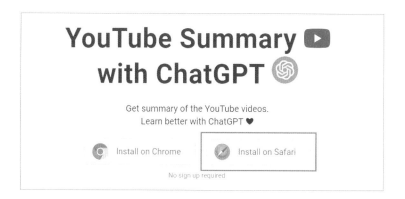

6. 챗GPT에 로그인 후, 유튜브로 접속합니다.

7. 재생할 영상 선택 후 영상 우측 사이드바에 Transcript & Summary 버튼 옆 화살표를 클릭합니다.

8. View AI Summary(Open New Tab) 아이콘 클릭합니다.

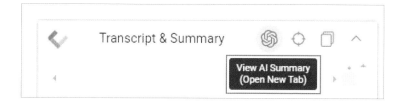

9. 챗GPT가 자동으로 영상내용을 요약하는 과정을 기다린 후 내용을 확인 합니다.

10. 스크립트를 가져오는 다른방법도 있습니다. Copy transcript를 클릭하면 영상의 제목,링크주소가 복사됩니다.

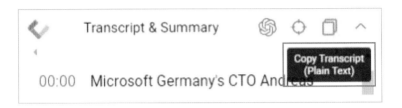

11. 복사된 스크립트를 가지고 챗GPT에 가서 복사된 스크립트 + 요약해줘(또는 "summarize this")라고 입력합니다.

주의 : 스크립트가 영어라면 영어로 결과값이 나오기 때문에 필요한 경우에 챗GPT에게 번역해 달라고 해보세요.

원하는 정보를 얻기 위해 많은 정보를 찾아보며 내용 정리와 요약에 시간을 써보신 적 있으시죠? 항상 필요한 정보는 마지막에 나와서 끝까지 시청하게 되면 나의 소중한 시간도 같이 사라지게 됩니다. 좋은 내용의 영상이라 끝까지 보고 싶은데 시간이 없어서, 보고 싶은 영상은 많은데 내 시간은 한정적이라 아쉬웠던 분들이 많으실 겁니다.

그런 분들은 챗GPT의 도움을 받아보세요. 러닝타임이 긴 영상도 순식간에 요약해주고 그 내용도 실제 스크립트를 바탕으로 나온 결과이기 때문에 만족할 만한 요약본을 받으실 수 있습니다.

summarize this:

GPT 4.0 - Launches Week of March 13th Per Microsoft Germany CTO - Will Have VIDEO! Sources Included - YouTube
https://www.youtube.com/watch?v=QMOzVZ9pa1k

Transcript:
(00:00) Hello everybody welcome back to another AI video in this one want to talk to you about GPT 4.0 that's right we're all using 3.5 these days primarily but 4.0 is set to be released next week so March the week of March 13th 2023 if the rumors are correct and I don't like to just create click bait and rumor nonsense so I've got my sources here and here it is I've got three sources here uh the most uh the most serious source is this one here the Heist online I can't even say the word but basically
(00:35) what ended up happening was the Microsoft CTO Andreas Braun I hope I said that right uh he is the CTO of Microsoft Germany and they just had a AI in Focus digital kickoff um information or online event and he basically mentioned that next week it's coming and there's going to be some pretty cool stuff in it so what do we have there's going to be multimodal models that's a mouthful and they're going to offer a bunch of different possibilities it's kind of vague what those are going to be but one of the
(01:09) ones is probably and it sounds like it's going to be videos and apparently this is going to be a game changer and according to the uh CEO of Microsoft Marianne Janik she says it's going to be like the iPhone moment so those are big words and that's a big statement but again this is all coming out right now if you go to medium.
(01:35) com uh another guy named Michael King he writes about it here and it's pretty similar stuff to what I just told you but there are multiple sources for this so anyways get ready for it it's coming in the next I guess in the next few days and uh yeah if you hear anything else write a comment let me know if you know any anything else that's not mentioned here look forward to your comments thanks for watching

 GPT 4.0 is set to be released in the week of March 13th, 2023, according to sources including the CTO of Microsoft Germany. It is expected to have multimodal models, including videos, which some say will be a game-changer similar to the iPhone's impact. Multiple sources confirm this news.

    이렇게 챗GPT를 이용한, 다양한 분야의 요약 방법에 대해 알아보았습니다. 제공된 정보 뿐만 아니라 사이트, 문서, 영상까지 요약 가능한 챗GPT 덕분에 24시간을 72시간처럼 쓸 수 있을 것 같습니다.

문제 해결

영어 메일 쓰기

외국계 회사에 다니는 B씨는 영어 메일을 쓰고, 고치고, 보내는 데 많은 시간을 할애했었는데요. 어느 날 고객으로부터 상품에 대한 항의 이메일을 받게 됩니다. 정중하게 이메일 답장을 하고 싶어 챗GPT의 도움을 받기로 합니다.

고객에게 영어 메일 응대

나는 [업무] 담당자야. [내용]의 [메일의 종류] 이메일을 받았어. 다음의 내용을 담아 [대상]에게 [원하는 어조]로 [원하는 언어]로 보낼 메일 써줘.

GPT 세대가 온다

🧑 나는 [쇼핑몰의 고객 응대] 담당자야. [상품이 파손되어 배송됐다고] [항의] 이메일을 받았어.

다음 내용을 [고객]에게 [정중하고 예의 바른]어조의 [영어]로 보낼 메일 써줘.

"불편을 드려 죄송합니다. 당연히 문제를 해결해 드리겠습니다. 새상품을 보내 드릴 수도 있고 환불도 가능합니다."

🌀 Dear [Customer],

Thank you for taking the time to bring the issue to our attention. We apologize for any inconvenience caused by the damaged product you received.

We understand the importance of providing high-quality products to our customers, and we would like to assure you that we will take immediate action to rectify the situation.

As per your request, we can either send you a new product or process a refund for the damaged item. Please let us know which option you prefer, and we will be more than happy to assist you with the necessary arrangements.

Again, we apologize for any inconvenience caused and appreciate your patience and understanding.

Best regards,

[Your name]

Customer Service Representative

메일 내용 수정

— ◇ —

완성된 이메일을 보니 쿠폰증정을 추가하고 싶네요. 다시 추가해서 이메일을 작성해 달라고 해봅니다.

[내용]이라는 말을 잊었어. [추가/삭제/수정]해서 이메일 다시 써줄래?

👩 [적립금 쿠폰을 선물하겠다]는 말을 잊었어. [추가]해서 이메일 다시 써줄래?

🌀 Dear [Customer],

Thank you for taking the time to bring the issue to our attention. We apologize for any inconvenience caused by the damaged product you received.

We understand the importance of providing high-quality products to our customers, and we would like to assure you that we will take immediate action to rectify the situation.

As per your request, we can either send you a new product or process a refund for the damaged item. Additionally, we would like to offer you a [insert coupon code] coupon for [insert savings amount] on your next purchase as a token of our appreciation for your patience and understanding. Please let us know which option you prefer, and we will be more than happy to assist you with the necessary arrangements.

Again, we apologize for any inconvenience caused and appreciate your business.

Best regards,

[Your name]

Customer Service Representative

이렇게 간단한 입력만으로 이메일을 완성해 고객응대를 할 수 있습니다. 챗GPT를 이용하는 것만으로도 시간절약과 더불어 부하직원이 하나 생긴 효과를 누릴수 있을 것입니다. 그러면 이제 또 어떻게 챗GPT를 업무에 다양하게 활용할 수 있을지 두 사례를 통해 알아보겠습니다.

첫 번째 사례는 아래와 같습니다.

헬스 트레이너 김씨는 코로나 시대에 국면하며 고객이 줄어 그만 실직하고 말았습니다. 그는 헬스장에서 하는 일 말고도 다른 일을 시작해 이런 경우를 대비해야겠다 생각했습니다. 별안간 당한 해고에 카드빚도 쌓여있던 터라 돈벌이가 시급하지만 좀처럼 운동, 건강 밖에는 떠오르질 않았습니다. 이런 김씨가 챗GPT를 활용하여, 어떤 일을 할 수 있는지 추천을 받고 직접 일을 진행해 보도록 하겠습니다.

아이디어 창출

나는 [직업]이야. 지금부터 [사업 아이템]을 시작하려고 해. 무엇을 해야할 지 모르겠어. 도와줄 수 있어?

나는 피트니스 트레이너야. 지금부터 건강 사업을 시작하려고 해. 무엇을 해야할지 잘 모르겠어. 도와줄 수 있어?

물론이죠! 건강 사업을 시작하는 것은 흥미롭고 만족스러운 모험이 될 수 있습니다. 다음은 사업을 시작하는 데 도움이 될 수 있는 몇 가지 단계입니다.

틈새 시장 정의 : 집중하고 싶은 특정 건강 및 피트니스 영역을 결정합니다. 개인 트레이닝, 그룹 피트니스 수업, 영양 상담 등을 제공하고 싶습니까? 서비스를 효과적으로 마케팅할 수 있도록 제공하려는 것이 무엇인지에 대한 명확한 아이

디어를 갖는 것이 중요합니다.

사업 계획 개발 : 사업 계획은 목표, 대상 고객, 마케팅 전략, 예산 및 재정 계획을 정의하는 데 도움이 됩니다. 투자자나 대출 기관으로부터 자금을 조달하려는 경우에도 필수적입니다.

경쟁 조사 : 귀하의 지역에서 다른 건강 사업체가 제공하는 것을 살펴보고 귀하의 사업을 차별화하는 요소를 식별하십시오. 이 정보를 사용하여 제품 및 마케팅 전략을 구체화할 수 있습니다.

비즈니스 구조 결정 : 개인 소유주, LLC 또는 법인으로 운영하시겠습니까? 각 구조마다 장단점이 있으므로 조사를 하고 변호사나 회계사와 상담하는 것이 중요합니다.

면허 취득 및 보험 가입 : 사업체를 합법적으로 운영하는 데 필요한 면허 및 허가가 무엇인지 지역 및 주 정부에 문의하십시오. 사고나 소송이 발생할 경우 자신을 보호하기 위해 책임 보험도 필요합니다.

팀 구성 : 개인 트레이닝 또는 그룹 피트니스 수업을 제공할 계획이라면 트레이너나 강사를 추가로 고용해야 할 수 있습니다. 인증을 받고 틈새 시장에서 경험이 있는 사람을 고용해야 합니다.

마케팅 전략 개발 : 소셜 미디어, 이메일 마케팅 및 기타 채널을 사용하여 비즈

니스를 홍보하고 고객을 유치하십시오. 신규 고객이 문을 통과할 수 있도록 프로모션이나 할인을 제공하는 것을 고려하십시오.

건강 비즈니스를 시작하는 것은 어려울 수 있지만 올바른 준비와 전략을 통해 사람들이 더 건강한 삶을 살 수 있도록 돕는 성공적인 벤처를 구축할 수 있습니다. 행운을 빌어요!

트레이너 김씨는 혼자 준비하는 사업이라 아이디어의 한계를 느끼며 챗GPT에게 물어보기로 합니다. 똑똑한 부하직원 Mr.GPT가 얼마나 일을 잘 해줄지 기대해 보시죠.

브레인스토밍

— ◇ —

인간은 몇 시간에서 최대 몇 달이 걸릴 아이디어를, 챗GPT는 단 5초 만에 뚝딱 만들어냅니다. 그럼 김씨가 뭘하면 좋을지 같이 브레인스토밍을 해보시죠.

> [주제]에 대해 [브레인 스토밍]해보자. 질문을 [원하는 수]개 해줘. 그걸 보고 내가 더 많은 아이디어를 떠올려 볼게.

 건강 사업에 대해 함께 브레인 스토밍해보자. 20개 정도 질문을 해줘. 그걸 보고 내가 더 많은 아이디어를 떠올려 볼게.

물론입니다. 시작하겠습니다! 다음은 건강 비즈니스를 브레인스토밍하는 데 도움이 되는 20가지 질문입니다.

1.사람들이 가지고 있는 일반적인 건강 문제는 무엇이며 비즈니스에서 어떻게 해결할 수 있습니까?
2.귀하의 비즈니스가 충족할 수 있는 고유한 건강 요구 사항이나 우려 사항이 있는 특정 인구 통계 또는 인구가 있습니까?
(중략)
20.비즈니스의 장기 목표는 무엇이며 이를 달성하기 위해 어떤 조치를 취할 수 있습니까?

이 질문들이 귀하의 건강 사업을 위한 아이디어를 생성하는 데 도움이 되기를 바랍니다! 다른 도움이 필요하시면 알려주세요.

리서치

> [주제] 관련 제품 중 수요가 많은 것을 알려줘. + 원하는 사항

[건강] 관련 제품 중 수요가 많은 것을 알려줘. 많은 사람들이 필요로 하고 꾸준히 원하는 제품이면 좋겠어.

수요가 많고 많은 사람들이 정기적으로 소비하는 여러 건강 관련 제품이 있습니다. 다음은 몇 가지 예입니다.

보충제 : 비타민, 미네랄 및 허브 보충제는 전반적인 건강을 지원하거나 특정 건강 문제를 해결하려는 사람들에게 인기가 있습니다.

(중략)

친환경 제품 : 많은 소비자들이 재사용 가능한 물병, 유기농 면 의류, 무독성 청소 용품 등 환경 친화적인 건강 제품을 찾고 있습니다.

이들은 수요가 많고 잘 팔릴 수 있는 건강 관련 제품의 몇 가지 예일 뿐입니다. 특정 제품이나 서비스가 귀하의 지역에서 가장 성공할 것인지 결정하기 위해 목표 시장과 경쟁에 대한 조사를 수행하는 것이 중요합니다.

트레이너 김씨는 평소 자신이 자주 접하고 잘 알 수있는 단백질 음료를 판매해 보기로 합니다. 그럼 이제 챗GPT가 조사해주는 단백질 음료 시장에 대해 알아보겠습니다.

시장조사

—◇—

주의 : 챗GPT는 2021년까지의 정보로 학습되어 있어 최신성이 반영돼있지 않습니다.

> [제품]의 시장 동향을 조사해줘.

🧑 내가 단백질 음료를 매일 마시니까 그건 잘 팔수 있을 것 같아. 단백질 음료의 시장 동향을 조사해줘.

단백질 음료는 수년 동안 건강 및 피트니스 산업에서 인기 있는 보충제였습니다. 최근에는 건강과 피트니스에 대한 관심이 높아지면서 단백질 음료가 제공하는 편의성과 영양상의 이점으로 인해 단백질 음료에 대한 수요가 증가하고 있습니다.

Grand View Research의 보고서에 따르면, 전 세계 단백질 음료 시장은 2020년에 112억 달러였으며 2028년에는 154억 달러에 이를 것으로 예상되며 2021년에서 2028년까지 연평균 4.2% 성장할 것으로 예상됩니다. 이 보고서는 또한 다음과 같이 강조합니다. 식물성 단백질 음료의 인기 증가는 이러한 성장의 주요 원동력 중 하나입니다.

미국에서 IBISWorld의 보고서에 따르면 단백질 음료 시장은 지난 5년 동안 꾸준한 성장을 경험했으며 2020년 한 해에만 매출이 5.8% 증가했습니다. 이 보고서는 이러한 성장이 건강 의식의 증가와 소매점 및 온라인 플랫폼에서 단백질 음료의 접근성 증가에 기인한다고 설명합니다.

전반적으로 단백질 음료에 대한 시장 동향은 지난 1년 동안 긍정적이었고, 시장은 앞으로도 계속 성장할 것으로 예상됩니다. 그러나 모든 산업과 마찬가지로 시장에는 경쟁이 존재하므로 단백질 음료 제품을 다른 제품과 차별화하고 대상 고객에게 효과적으로 마케팅하는 것이 중요합니다.

단백질음료 시장의 지속적인 성장가능성이 보입니다. 그러면 이제 경쟁제품이 될 다른 단백질음료에 대해 알아봐야겠습니다.

자료수집

— ◇ —

인기있는 [상품 및 서비스] TOP 5 알려줘.

 인기있는 단백질 음료 TOP 5 알려줘.

시중에는 많은 단백질 음료 브랜드와 제품이 있지만 관심을 가질만한 인기 있는 5가지 옵션은 다음과 같습니다.

Optimum Nutrition Gold Standard 100% Whey : 이 유청 단백질 파우더는 운동선수와 피트니스 애호가들 사이에서 인기 있는 제품입니다. 1회 제공량당 24g의 단백질을 함유하고 있으며 다양한 맛으로 제공됩니다.

Premier Protein : 바로 마실 수 있는 이 단백질 쉐이크에는 1회 제공량당 30g의 단백질이 들어 있으며 다양한 맛으로 제공됩니다. 빠르고 편리한 단백질 공급원을 찾는 사람들에게 인기 있는 옵션입니다.

Muscle Milk : 이 단백질 음료는 보디빌더와 운동선수에게 인기 있는 선택입니다. 유청과 카제인 단백질이 혼합되어 있으며 다양한 맛이 있습니다.

Vega One : 이 식물성 단백질 파우더는 완전 채식주의자와 채식주의자들 사이에서 인기 있는 선택입니다. 1회 제공량당 20g의 단백질을 함유하고 있으며 GMO가 아닌 성분으로 만들어졌습니다.

Gatorade Recover : 이 단백질 음료는 운동 선수를 대상으로 판매되며 1회 제공량당 20g의 단백질을 함유하고 있습니다. 다양한 맛으로 제공되며 운동 후 근육 회복에 도움이 되도록 설계되었습니다.

귀하에게 가장 적합한 단백질 음료는 개인의 목표, 식이 선호도, 귀하가 가질 수 있는 알레르기 또는 과민증에 따라 달라진다는 점에 유의하는 것이 중요합니다. 식단에 새로운 보충제나 제품을 추가하기 전에 항상 의료 전문가와 상담하는 것이 좋습니다.

제품조사를 하다보니 단백질이 왜 필요한지 궁금해집니다. 해당 부분은 상품을 더 잘 이해하고, 판매 전략을 세우는 데 도움이 됩니다. 똑똑하고 유능한 Mr.GPT가 잘 알려 줄것입니다.

[상품이나 서비스의 본질]이 꼭 필요한 이유를 알려줘.

단백질이 꼭 필요한 이유를 알려줘

단백질은 신체가 다양한 기능을 수행하는 데 필요한 필수 영양소입니다. 단백질이 중요한 몇 가지 이유는 다음과 같습니다.

조직 생성 및 복구 : 단백질은 신체의 세포, 조직 및 기관의 핵심 구성 요소입니다. 근육, 뼈, 피부와 같은 조직의 성장과 회복에 필요합니다.

효소 및 호르몬 생산 : 신체의 많은 효소와 호르몬은 단백질로 구성됩니다. 이러한 물질은 소화, 신진대사 및 면역 기능과 같은 신체 과정을 조절하는 데 도움이 됩니다.

면역 체계 기능 : 항체와 같은 특정 단백질은 면역 체계 기능에 중요하여 감염 및 질병 퇴치에 도움이 됩니다.

에너지원 : 탄수화물과 지방을 사용할 수 없을 때 인체는 단백질을 에너지원으로 사용할 수 있습니다.

체액 균형 유지 : 단백질은 물 분자를 끌어당겨 유지함으로써 체내 체액의 균형을 유지하는 데 도움이 됩니다.

이러한 신체 기능을 지원하려면 충분한 양의 단백질을 섭취하는 것이 중요합니다. 사람에게 필요한 단백질의 양은 연령, 성별, 체중, 활동 수준과 같은 요인에 따라 다를 수 있지만 일반적으로 성인은 하루에 체중 1kg당 최소 0.8g의 단백질이 필요합니다.

단백질이 우리 몸에 왜 필요한지 알게되니 운동하는 사람들에게 꼭 필요하다는 확신이 생기네요. 제 확신을 뒷받침할 근거를 찾아보겠습니다. 이 부분에서는 각자의 [상품 또는 서비스]에 맞게 특정 상황에 도움이 되는 경우와 그에 대한 근거를 요구하면 되겠습니다.

🧑 운동 전 후로 단백질 섭취를 해야하는 이유를 설명해줘.

💬 운동 전후에 단백질을 섭취하는 것은 여러 가지 이유로 유익할 수 있습니다. 이유는 다음과 같습니다.

운동 전: 에너지에 도움 : 운동 전에 단백질을 섭취하면 운동하는 동안 몸이 잘 수행하는 데 필요한 에너지를 몸에 공급할 수 있습니다. 단백질은 탄수화물에 비해 더 느린 에너지 방출을 제공하므로 운동하는 동안 에너지 수준을 유지하는 데 도움이 될 수 있습니다.

(중략)

운동 후: 근육 회복 촉진 : 운동 후 단백질 섭취는 근육 회복 및 성장 촉진에 중요합니다. 운동을 하면 근육이 스트레스와 손상을 받게 되는데, 운동 후 단백질을 섭취하면 이러한 손상을 복구하고 근육 성장을 촉진하는 데 도움이 될 수 있습니다.

(중략)

운동 전후에 필요한 단백질의 양은 운동의 종류와 강도, 체중, 개별 단백질 요구량과 같은 요인에 따라 달라질 수 있다는 점에 유의하는 것이 중요합니다. 의료 전문가 또는 공인 영양사와 상담하면 개인의 필요에 맞는 적절한 단백질 양을 결정하는 데 도움이 될 수 있습니다.

정보요약

—◇—

[숫자]자 이내로 요약해줘 / 리스트로 정리해줘 / 글머리표로 정리해줘 등
으로 요구할 수 있습니다.

 리스트로 정리해줘.

물론입니다. 운동 전후에 단백질을 섭취해야 하는 이유를 요약한 짧은 목
록이 있습니다.

1. 운동 전

- 에너지 공급

- 근육 파괴 감소

- 근육 단백질 합성 증가

2.운동 후

- 근육 회복 촉진

- 근육 단백질 합성 증가

- 글리코겐 저장량 보충

그럼 이제 트레이너 김씨의 평소 즐겨먹던 단백질 음료를 비교해
보기로 합니다.

제품비교

> [A]와 [B] 중 더 효과적인 것은 뭐야?

🧑 단백질 음료 제품 Optimum Nutrition Gold Standard 100% Whey와 Gatorade Recover 중 단백질 보충에 더 효과적인 제품은 뭐야?

🌀 Optimum Nutrition Gold Standard 100% Whey와 Gatorade Recover 는 개인의 필요와 선호도에 따라 효과적인 단백질 보충제가 될 수 있습니다. 고려해야 할 중요한 두 제품 간의 몇 가지 차이점은 다음과 같습니다.

단백질 함량 : Optimum Nutrition Gold Standard 100% Whey는 1회 제공량 당 24g의 단백질을 함유하고 Gatorade Recover는 1회 제공량당 20g의 단백질을 함유합니다.

탄수화물 함량 : Gatorade Recover는 Optimum Nutrition Gold Standard 100% Whey보다 1인분당 더 많은 탄수화물을 함유하고 있어 운동 후 글리코겐 저장량을 보충해야 하는 개인에게 도움이 될 수 있습니다.

추가 성분 : Gatorade Recover에는 전해질 및 탄수화물과 같은 추가 성분이 포함되어 있어 운동 후 재수화 및 에너지 저장을 보충해야 하는 개인에게 도움이 될 수 있습니다.

맛 옵션 : Optimum Nutrition Gold Standard 100% Whey는 맛 옵션이 더 다양한 반면 Gatorade Recover는 맛 옵션이 더 적습니다.

궁극적으로 개인에게 가장 효과적인 단백질 음료는 피트니스 목표, 식이 제한 및 기호 선호도를 포함하여 특정 필요와 선호도에 따라 달라집니다. 개인의 필요에 맞는 적절한 양과 유형의 단백질 보충제를 결정하려면 의료 전문가 또는 공인 영양사와 상담하는 것이 중요합니다.

트레이너 김씨는 챗GPT의 도움을 받아 단백질 함량이 다른 두 가지 제품을 만들어 보기로 마음 먹습니다. 드디어 트레이너 김씨가 제품을 완성했습니다. 이제 이 좋은 제품을 어떻게 판매하면 좋을지 다시 챗GPT의 도움을 받아보겠습니다.

마케팅

판매전략

> [상품] 판매 전략을 30가지 알려줘.

단백질 음료를 팔수있는 전략 30가지 알려줘.

다음은 단백질 음료를 판매하는 데 사용할 수 있는 30가지 전략입니다.

1.고객이 제품을 구매하기 전에 제품을 사용해 볼 수 있도록 무료 샘플을 제공합니다.

2.근육 회복 및 성장과 같은 단백질 음료의 영양적 이점을 홍보하고 에너지를 제공하고 체중 감량을 지원합니다.

(중략)

29.제품에 만족하지 못하는 고객에게 환불 보장을 제공합니다.

30.마지막으로 제품의 품질이 우수하고 약속된 이점을 제공하는지 확인하십시오. 고객 만족은 성공적인 비즈니스 구축의 핵심입니다.

세부 전략 디벨로핑

트레이너 김씨는 2번과 4번 전략이 마음에 듭니다. 이 2개를 더 발전시켜 보겠습니다.

[대화 중 위에서 언급된 내용]을 자세하게 알려줘.

2번,4번을 자세하게 알려줘.

네 알려드릴게요. 전략 2와 4에 대한 자세한 내용은 다음과 같습니다.

2.근육 회복 및 성장과 같은 단백질 음료의 영양적 이점을 홍보하고 에너지를 제공하고 체중 감량을 지원합니다.

단백질 음료의 영양적 이점을 효과적으로 홍보하기 위해 기업은 식단에서 단백질의 중요성에 대한 정보와 단백질 음료가 전반적인 건강 및 피트니스 목표를 지원하는 방법에 대한 정보를 제공하는 교육 리소스를 만들 수 있습니다. 여기에는 단백질 이면의 과학과 신체에서의 역할을 설명하는 블로그 게시물, 소셜 미디어 콘텐츠 및 전자책 작성이 포함될 수 있습니다.

(중략)

4.피트니스 인플루언서 및 운동선수와 협력하여 제품을 홍보하고 사용 후기 및 성공 사례를 공유하십시오.

피트니스 인플루언서 및 운동선수와 파트너십을 맺는 것은 단백질 음료를 홍보하고 더 많은 청중에게 다가갈 수 있는 강력한 방법이 될 수 있습니다. 기업은 자신의 브랜드와 가치에 부합하는 인플루언서와 운동선수에게 연락하여 제품을 시도하고 홍보할 수 있도록 무료 샘플이나 인센티브를 제공할 수 있습니다.

(중략)

또한 인플루언서 및 운동선수와 함께 이벤트 또는 웨비나를 주최하는 것은 잠재 고객과 소통하고 제품에 대한 관심을 불러일으키는 효과적인 방법이 될 수 있습니다. 이러한 이벤트는 고객이 질문을 하고, 제품의 이점에 대해 배우고, 피트니스 커뮤니티에서 같은 생각을 가진 개인과 연결할 수 있는 기회를 제공할 수 있습니다.

판매계획서

> [내용 + 판매계획서]를 써줘.

2번 내용의 판매계획서를 써줘.

물론입니다. 다음은 단백질 음료의 영양적 이점을 홍보하기 위한 판매 계획의 예입니다.

목표 : 단백질 음료의 영양적 이점에 대한 인식을 높이고 건강에 민감한 개인에게 제품을 홍보합니다.

교육 리소스 만들기 : 단백질의 이점과 단백질 음료가 전반적인 건강 및 피트니스 목표를 지원하는 방법에 대한 정보를 제공하는 블로그 게시물, 소셜 미디어 콘텐츠 및 전자책을 개발합니다. 이러한 리소스는 유익하고 이해하기 쉬우며 단백질 음료를 건강한 라이프스타일에 통합하는 데 대한 실용적인 조언을 제공해야 합니다.

(중략)

이 판매 계획을 따르면 기업은 단백질 음료의 영양학적 이점을 효과적으로 홍보하고 건강에 민감한 개인의 충성도 높은 고객 기반을 구축할 수 있습니다.

트레이너 김씨는 이 제품을 국내 뿐만 아니라 해외 영향력 있는 보디빌더에게 협찬도 하고 홍보를 부탁하고 싶어졌습니다. 하지만 트레이너 김씨는 영어 울렁증이 있어 어떻게 협찬 의뢰를 해야할지 눈 앞이 캄캄합니다. 이번에는 챗GPT의 번역 기능을 활용해 우리말을 영어로 멋지게 바꿔보려 합니다.

번역

— ◇ —

> 문맥 설명 + ~을 영어로 번역해줘. + 세부적인 요구사항

🧑 외국 유튜버에게 협찬의뢰 하고싶어. 그의 이름은 스미스이고 보디빌더야.

이 내용을 영어로 번역하고 제품 홍보 의뢰서를 써줘.

Mr.Smith에게

안녕하세요.

우리 회사는 건강과 피트니스에 전념하는 피트니스 회사로, 고객님께 최고의 제품과 서비스를 제공하고자 합니다.

저희가 최근 개발한 새로운 단백질 음료는 운동선수와 피트니스 애호가들이 근육 성장, 체력 회복, 에너지 조달 등의 목표를 달성하는 데 필요한 영양 성분을 제공하고자 하는 제품입니다.

우리는 당신과 협력하여 당신의 많은 팔로워와 지지자들에게 우리의 제품을 소개하고 싶습니다. 운동선수이자 피트니스 인플루언서로서 단백질 음료가 운동 루틴에 얼마나 중요한지 잘 알고 있다고 믿습니다.

저희는 저희 제품의 무료 샘플 제공, 팔로워들을 위한 독점 프로모션, 제품 홍보를 위한 장기적 협력 등을 기꺼이 제공하고자 합니다.

고객님과의 협력을 통해 저희 제품을 더 많은 분들에게 소개할 수 있는 기회를 갖게 되어 매우 기쁘게 생각합니다. 귀하의 의견을 곧 들을 수 있기를 기대합니다.

[Muscle KIM]드림

 Dear Mr.Smith,

Hello.

We are excited to reach out to you about the possibility of sponsoring our new protein drink product. We are a fitness company dedicated to providing high-quality products to help customers achieve their health and fitness goals.

Our new protein drink product was created to support exercise enthusiasts and fitness lovers in achieving their goals of muscle growth, tissue recovery, and energy support by providing essential nutrition.

We would love to collaborate with you to promote our product to your many followers and supporters. As a bodybuilder and fitness influencer, we believe that you understand the importance of integrating protein drinks into your workout routine.

We are happy to offer you free samples of our product, exclusive promotions for your followers, and a long-term partnership to promote our product together.

We are thrilled at the opportunity to work with you and look forward to hearing your thoughts soon.

Sincerely,

[Muscle KIM]

이처럼 사업 하나를 실행하기 위해서는 수 많은 과정과 노력이 필요한데 챗GPT를 사용하면 빠르고 정확한 자료 조사와 판매 전략까지 짜주니 챗GPT를 안 쓸 수가 없겠죠?

트레이너 김씨의 사업 번창을 기원합니다.

취업준비

두번째는 박군의 사례입니다.

박군은 대학 졸업 후 공무원 시험 최종에서 두 번이나 떨어졌습니다. 박군은 부모님 뵐 면목이 없어 일반 기업 취업을 준비하기로 했습니다. 그런데 웬걸? 이것도 만만치가 않습니다. 취업준비라고는 해 본적이 없어 서류 전형도 두렵습니다. 그렇다면 박 군의 자소서부터 차근차근 챗GPT와 함께 써볼까요?

자소서

— ◆ —

챗GPT는 관련 경험과 기술에 대한 정보를 바탕으로 특정 직업, 산업에 맞는 여러 버전의 이력서를 작성할 수 있도록 가이드를 제시해주기도 하는데요. 이 이력서의 경우 우리나라와 같이 표로 정리한 것이 아니라 자기 소개서처럼 말로 풀어쓰는 미국 기준의 가이드라 외국계 기업을 노리는 분들이 참고하시면 좋겠습니다. 독자님들의 보다 나은 이해를 위해 박 군이라는 가상의 인물을 설정하여 예를 들어보도록 하겠습니다.

취업은 처음이라 이력서 작성이 서툰 박군은 온라인 마케터 지원서를 작성 하는 데에 챗GPT의 도움을 받아보기로 했습니다.

첫 번째 사례는 아래와 같습니다.

나는 온라인 마케팅 일자리에 지원 하려 해. 창의적이고 문제 분석하는 능력이 뛰어나며, 전략적으로 사고한다는 점을 강조한 자기소개서를 한글 글자수 공백포함 800자 이상 1000자 이내로 작성해줘.

인사 담당자님께,

귀사의 온라인 마케팅 직책에 지원하게 되어 기쁩니다. 이 기회를 빌어 제 자신을 소개하고 싶습니다. 경험이 풍부한 온라인 마케터로서 저는 제 창의적인 사고방식, 뛰어난 문제 분석 기술 및 전략적 사고가 저를 이 직책에 적합한 후보로 만든다고 믿습니다.

혁신적이고 매력적인 마케팅 캠페인을 만드는 데 열정을 갖고 있는 사람으로서 저는 제 창의력으로 대상 고객의 관심을 끌 새로운 아이디어를 개발할 수 있다고 확신합니다. 고정관념을 깨는 능력 덕분에 복잡한 문제에 대한 고유한 솔루션을 개발할 수 있으며 항상 경쟁업체와 차별화할 수 있는 방법을 찾고 있습니다.

저는 창의적인 능력 외에도 문제 분석 능력이 뛰어납니다. 저는 복잡한 문제를 분석하고 문제의 근본 원인을 파악하는 것을 즐깁니다. 당면한 문제를 명확하게 이해하면 문제를 해결하고 원하는 결과를 얻을 수 있는 효과적인 전략을 개발할 수 있습니다. 저는 제 분석 능력이 결과를 제공하는 효과적인 마케팅 캠페인을 개발할 수 있게 해줄 것이라고 확신합니다.

마지막으로 전략적 사고 능력에 자부심을 느낍니다. 저는 항상 앞서 생각하고 내 행동의 잠재적 영향을 고려합니다. 저는 마케팅 노력을 비즈니스 목표 및 목표와 일치시키는 것의 중요성을 이해하고 있으며 회사의 전반적인 사명을 지원하는 마케팅 전략을 개발하는 데 전념하고 있습니다.

제 지원서를 고려해 주셔서 감사합니다. 제 기술과 경험을 귀하의 팀에 제공할 수 있는 기회를 갖게 되어 매우 기쁩니다. 제 자격에 대해 더 자세히 논의할 수 있는 기회가 있기를 기대합니다. 감사합니다.

[당신의 이름]

모의 인터뷰

—◇—

챗GPT의 도움으로 자소서를 완성하여 서류전형에 합격한 박 군. 1차 서류전형보다 면접 비중이 더 높지만 어떻게 준비해야 할지 막막하기만 한데요. 챗GPT는 모범 답변을 제공하여 일반적인 면접 질문을 연습하고 준비하는 데 도움을 줄 수 있다고 합니다. 아래 예시처럼 말이죠.

나는 [직업] 인터뷰를 보고 있어. [직업] 포지션에 대한 인터뷰 질문을 [원하는 갯수]개줘.

🧑 나는 [온라인 마케터] 인터뷰를 보고 있어. 온라인 마케터 포지션에 대한 인터뷰 질문 [10]개를 줄 수 있어?

💬 네, 물론이죠. 다음은 온라인 마케터 역할을 위한 10가지 면접 질문입니다.

1.디지털 마케팅에 대한 경험이 있습니까?

2.온라인 마케팅의 최신 동향과 발전을 어떻게 최신 상태로 유지합니까?

3.검색 엔진 최적화(SEO)에 대한 경험이 있습니까?

4.당신이 관리한 성공적인 온라인 마케팅 캠페인을 안내해 줄 수 있습니까?

5.온라인 마케팅 노력의 성공을 측정하기 위해 어떤 전략을 사용합니까?

6.소셜 미디어 마케팅에 어떤 경험이 있습니까?

7.콘텐츠 마케팅에 어떻게 접근합니까?

8.온라인 마케팅 작업 및 프로젝트의 우선 순위를 지정하고 관리하는 방법은 무엇입니까?

9.이메일 마케팅에 어떤 경험이 있습니까?

10.특히 어려웠던 온라인 마케팅 프로젝트와 장애물을 극복한 방법에 대해 말씀해 주시겠습니까?

이렇게 챗GPT를 이용하여 면접 예상 질문을 받은 박 군은 면접을 시뮬레이션해보고 싶어졌습니다.

[직무] 면접을 위해 나와 모의 인터뷰를 하자. 네가 면접관이야. 네가 질문하면 내가 답하는거야. 그리고 피드백을줘.

👩 [온라인 마케터] 면접을 위해 나와 모의 인터뷰를 해보자. 네가 질문하면 내가 답하는거야. 그리고 피드백을줘. 자, 이제 나에게 한 가지 질문을 해줘.

⚙️ 물론이죠, 첫 번째 질문은 다음과 같습니다.
소셜 미디어 플랫폼에서 성공적인 광고 캠페인을 진행하기 위한 전략 중에 가장 중요하다고 생각하는 것은 무엇이며, 왜 그렇게 생각하나요?

　면접이 예상했던 질문대로만 흘러가면 얼마나 좋을까요. 늘 변수는 있는법이지요. 예상치 못한 질문에도 준비를 할 수 있도록 챗GPT에게 압박면접에 대비한 예상 질문과 그에 대한 대처에 대해서도 물어보았습니다.

[직무]에 대한 면접 중 발생할 수 있는 어려운 질문이나 예상치 못한 질문에 대비하고 싶어.

👩 온라인 마케팅 자리에 대한 면접 중에 발생할 수 있는 어려운 질문이나 예상치 못한 질문에 대비하고 싶어.

⚙️ 물론이죠, 다음은 온라인 마케터 직책에 대한 면접 중에 어렵거나 예상치 못한 질문에 대비하는 데 도움이 되는 몇 가지 팁입니다.

1. 침착함과 침착함 유지 : 질문에 당황하더라도 침착함을 유지하고 침착함을 유지하는 것이 중요합니다. 대답하기 전에 심호흡을 하고 잠시 생각할 시간을 가

지십시오.

2. 설명 요청 : 질문을 완전히 이해하지 못한 경우 주저하지 말고 설명을 요청하십시오. 이것은 당신이 대화에 참여하고 관심이 있다는 것을 보여주며 면접관이 찾고 있는 것이 무엇인지 더 잘 이해하는 데 도움이 될 수도 있습니다.

3. 정직하기 : 질문에 대한 답을 모른다면 허풍을 부리는 것보다 정직하게 말하는 것이 좋습니다. 당신이 무언가를 모른다는 것을 인정하는 것은 실제로 배우려는 당신의 의지와 겸손할 수 있는 능력을 보여줄 수 있습니다.

4. 구체적인 예를 제시하기 : 질문에 답할 때 귀하의 경험이나 경력에서 구체적인 예를 제공하십시오. 이것은 귀하의 기술과 전문 지식을 설명하는 데 도움이 되며 다른 후보자들과 차별화되는 데 도움이 될 수도 있습니다.

5. 집중력을 유지하기 : 특히 긴장한 경우 인터뷰 중에 주의가 산만해지거나 주의가 산만해지기 쉽습니다. 그러나 묻는 질문과 대화의 전반적인 흐름 모두에 집중하고 주의를 기울이는 것이 중요합니다.

이러한 요령을 따르면 어렵거나 예상치 못한 질문을 효과적으로 처리하고 면접관에게 강한 인상을 남길 수 있는 기회를 높일 수 있습니다.

직장 내 고충

챗GPT에게 도움받은 면접 정보로 취업에 성공한 박군. 온라인마케팅회사에서 근무한지 어느덧1년이 되었는데, 최근 박군은 자신의 업무파트너인 A씨와 갈등을 겪고 있습니다. 처음에는 서로 일도 잘 맞고, 성격도 잘 맞는다고 생각했지만 어느 순간부터 둘 사이에 묘한 기류가 흐르기 시작했습니다. 그러던 중 결국 사소한 문제로 인해 감정 싸움까지 번지게 되었습니다. 평소에도 자주 의견 충돌이 있었지만 이번만큼은 그냥 넘어갈 수 없을 정도로 큰 다툼이었습니다. 현재 두 사람 모두 회사 내에서 중요한 역할을 맡고 있기 때문에 이대로 관계를 지속하다가는 팀 전체 분위기에까지 영향을 미칠 수도 있는 상황이지만 이들이 직접 얼굴을 맞대고 대화를 하기란 쉽지 않습니다. 그렇다고 해서 무작정 전화통화만으로 해결할 수도 없는 노릇입니다. 어떻게 하면 좋을까요? 챗GPT는 주제가 기술적인 것이든 대화적인

것이든 질문자의 요구에 맞게 의사소통하는 방법에 대한 지침을 알려
준다는데, 이번에도 박군은 챗GPT에게 조언을 구해보기로 했습니다.

인간 관계 극복

> 맥락 + 의사소통 전략을 알려줘.

나는 최근에 팀원과 많이 싸웠는데, 상황이 나빠지지 않고 어떻게 효과적
으로 의사소통을 해야 할지 잘 모르겠어. 우리 관계에서 더 나은 의사소통을 위
한 전략 알려줘.

물론이죠, 나는 당신의 관계에서 더 나은 의사소통을 위한 몇 가지 전략으
로 당신을 기꺼이 도와줄 것입니다. 다음은 도움이 될 수 있는 몇 가지 팁입니다.

1. 적극적인 경청 연습하기 : 파트너가 말할 때, 당신의 반응에 대해 생각하기보
다 그들이 말하는 것에 집중하도록 노력하십시오. 눈을 마주치고 고개를 끄덕이
고 구두로 피드백을 제공하여 참여하고 있다는 것을 보여줍니다.

2. 비난과 비난 피하기 : 민감한 주제를 논의할 때 비난하는 언어를 사용하거나
파트너를 비난하지 마십시오. 대신, 당신이 느끼는 감정과 관계에서 필요한 것
을 표현하는 데 집중하십시오.

3. 필요한 경우 휴식을 취하십시오. 화가 나거나 방어적인 느낌이 든다면 대화

를 잠시 중단하는 것이 도움이 될 수 있습니다. 토론으로 돌아가기 전에 심호흡을 하거나 산책을 하거나 긴장을 푸는 활동에 참여하십시오

4. 공감 연습하기 : 파트너의 입장이 되어 그들의 관점을 이해하려고 노력하세요. 동의하지 않더라도 그들의 감정을 확인하고 그들의 관점을 인정하십시오.

5. 경계 설정 : 싸움을 유발하는 특정 주제나 행동이 있는 경우 경계를 설정하고 의사소통의 기본 규칙을 설정하는 것이 도움이 될 수 있습니다. 이것은 오해와 방어를 방지하는 데 도움이 될 수 있습니다.

6. 효과적인 의사소통에는 연습과 인내가 필요하다는 점을 기억하십시오. 열린 마음과 파트너의 관점을 듣고 이해하려는 의지를 가지고 각 대화에 접근하는 것이 중요합니다. 시간과 노력을 기울이면 더 강력한 의사 소통 기술을 구축하고 관계를 개선할 수 있습니다.

챗GPT에게 답변을 받아본 박 군은 생각에 잠기게 되었습니다. 요즘 과중된 업무 스트레스로 인해 사소한 일에도 예민하게 받아들였던 게 아닌가 하고 말이죠. 조금만 더 상대 입장에서 생각해 보았더라면 싸우지 않았을 일인데, 갑자기 어제 파트너에게 모진 말을 한 것이 내심 마음에 걸린 박 군. 용기를 내어 동료에게 대화를 먼저 걸어보기로 하는데, 내 감정을 어떻게 컨트롤하고 상대에게 다가갈 수 있을지 챗GPT에게 조언을 구해보려 합니다.

맥락 + [감성 지능을 향상시킬 수 있는 방법]에 대해 조언해줄 수 있어?

내 감정을 컨트롤하고 동료의 감정을 이해하는 데 어려움을 겪고 있어. 이 관계에서 내 감성 지능을 향상시킬 수 있는 방법에 대해 조언해 줄 수 있어?

확실히 감성 지능을 향상하면 관계에 긍정적인 영향을 미칠 수 있습니다. 다음은 관계에서 감성 지능을 향상시키는 방법에 대한 몇 가지 팁입니다.

1. 마음 챙김 연습 : 마음 챙김은 자신의 감정과 생각을 더 잘 인식하는 데 도움이 됩니다. 매일 몇 분 동안 호흡에 집중하고 판단 없이 생각을 관찰하십시오. 이를 통해 감정적 반응과 반응을 더 잘 이해할 수 있습니다.

2. 적극적으로 듣기 : 파트너가 말할 때 최대한 주의를 기울이십시오. 방해하거나 방어적이 되지 않고 그들의 관점과 감정을 이해하려고 노력하십시오. 당신이 참여하고 있고 관심이 있다는 것을 보여주기 위해 명확한 질문을 하십시오.

3. 공감 연습 : 공감에는 파트너가 경험하고 있는 것을 이해하고 느끼려는 노력이 포함됩니다. 그들의 입장이 되어 그들의 기분이 어떨지 상상해 보십시오. 그들의 감정을 확인하고 그들의 관점을 인정함으로써 공감을 보여주십시오.

4. 효과적인 의사소통 : 효과적인 의사소통에는 파트너의 말을 듣고 이해하면서 자신의 감정과 필요를 표현하는 것이 포함됩니다. "나"라는 문장을 사용하여 자신의 감정을 표현하고 파트너를 비난하거나 비판하지 마십시오.

5. 감정 관리 : 감성 지능은 건전한 방식으로 자신의 감정을 관리할 수 있는 능력과 관련이 있습니다. 압도당하거나 기분이 상하면 휴식을 취하고 침착하고 중심을 잡는 데 도움이 되는 자기 관리 활동에 참여하십시오.

이러한 요령을 연습하면 관계에서 감성 지능을 향상하고 파트너와 더 긍정적이고 만족스러운 관계를 만들 수 있습니다. 감성 지능을 구축하는 데는 시간과 연습이 필요하지만 그만한 가치가 있다는 점을 기억하십시오.

마감 기한 연장 요청 메일 쓰기

—◇—

프로젝트 마감일까지 얼마 남지 않았습니다. 하지만 함께 일하는 동료와의 갈등 때문에 도무지 일이 손에 잡히지 않습니다. 이대로라면 도저히 기한 내에 완성할 수 없을 것 같은데요. 박 군은 팀장님께 마감 기한을 미뤄달라는 내용의 메일을 보내기로 합니다.

[대상]에게 [내용]에 대한 이메일 작성해줘.

 상사에게 내가 마감 기한을 지키지 못할 것이라고 알리기 위한 이메일을 작성해줘.

다음은 팀 리더에게 마감일을 맞출 수 없음을 알리는 이메일의 예입니다.

제목 : 프로젝트 마감일 업데이트

친애하는 [팀 리더 이름]님,

[프로젝트 이름] 프로젝트의 진행 상황을 알려드리위해 이 글을 씁니다. 유감스

럽게도 원래 계획한 마감일을 맞출 수 없음을 알려드립니다. 이 소식이 실망스럽다는 점을 이해하며 가능한 한 빨리 프로젝트를 완료하기 위해 최선을 다하고 있음을 확인하고 싶습니다.

프로젝트를 진행하는 동안 예상치 못한 문제에 직면했습니다. 최선의 노력에도 불구하고 이러한 문제로 인해 프로젝트 일정이 지연되었습니다. 저는 이러한 문제를 해결하기 위해 적극적으로 노력하고 있으며 가능한 한 효율적으로 프로젝트를 완료하는 데 도움이 될 수정된 계획을 개발했습니다.

저는 제 약속을 진지하게 받아들이고 모든 요구 사항을 충족하는 고품질 프로젝트를 제공하기 위해 최선을 다하고 있음을 여러분에게 확인시켜 드리고 싶습니다. 프로젝트 진행 상황을 계속 업데이트하고 가능한 한 빨리 수정된 일정을 제공하겠습니다.

이해와 지원에 감사드립니다.

감사합니다,

[당신의 이름]

반복 작업 자동화 및 데이터 분석

이밖에도 챗GPT는 반복적인 작업을 자동화시켜 업무시간을 단축하고 또 효율을 올릴 수 있으며 필요한 데이터 분석까지 할 수 있습니다. 데이터 분석을 하려면 Python 코드가 필요한데요. 이 Python 코드를 만들 때 챗GPT를 사용하면 다양한 이점이 있습니다. 4가지 정도로 정리해 보겠습니다.

- **속도** : 챗GPT를 사용하면 수동으로 코드를 입력할 필요없이 빠르고 쉽게 만들 수 있다.
- **정확성** : 챗GPT는 정확하고 오류 없는 코드를 생성할 수 있어 구문 오류 및 기타 코딩 실수를 줄인다.
- **일관성** : 챗GPT를 사용하여 Python 코드를 생성하면 일관된 스타일과 형식을 따르도록 하여 향후 유지 관리 및 업데이트가 더 쉬워진다.

- **시간절약** : 챗GPT를 사용하여 코드를 생성하면 수동 코딩 및 디버깅에 소요되는 상당한 시간을 절약할 수 있다.

Python 코드를 만드는 방법은 간단합니다.

접속 -> new 챗 -> 프롬프트 입력

챗GPT 사이트에서 New 챗을 눌러 대화준비가 되면 질문이나 프롬프트를 전송하면 Python 코드가 생성됩니다. 업무활용 Python 코드생성 사례를 알아보겠습니다.

파이썬 코드로 환자의 심박수 데이터를 생성하고 약물 투여 전후를 통계적으로 분석하는 코드를 작성합니다.

물론, 다음은 환자에 대한 무작위 심박수 데이터를 생성하고 약물 투여 전후의 심박수를 비교하기 위해 t-테스트를 수행하는 예제 코드입니다.

이 예에서는 np.random.normal()을 사용하여 약물을 투여하기 전과 후에 50개의 무작위 심박수 측정값을 생성합니다. 그런 다음 np.mean() 및 np.std()를 사용하여 각 측정 세트의 평균 및 표준 편차를 계산합니다. 마지막으로 약물 투여 전후의 심박수를 비교하기 위해 stats.ttest_rel()을 사용하여 paired t-test를 수행합니다.

np.random.seed() 함수 호출은 코드가 실행될 때마다 난수 생성기가 동일한 숫자 시퀀스를 생성하여 결과를 더 쉽게 재현할 수 있도록 하는 데 사용됩니다. 그러나 이 줄을 제거하여 코드가 실행될 때마다 다른 난수 집합을 생성할 수 있습니다.

또한 이것은 예제 코드일 뿐이며 생성된 심박수 데이터는 실제 측정을 기반으로 하지 않습니다. 실제로 의미 있는 통계 분석을 수행하려면 약물 투여 전후에 실제 심박수 데이터를 수집해야 합니다.

Sure, here's an example code that generates random heart rate data for a patient and performs a t-test to compare the heart rate before and after administering a drug:

```python
import numpy as np
from scipy import stats

# Generate random heart rate data before and after administering the drug
np.random.seed(123) # for reproducibility
heart_rate_before = np.random.normal(loc=80, scale=10, size=50)
heart_rate_after = np.random.normal(loc=75, scale=8, size=50)

# Compute summary statistics
mean_before = np.mean(heart_rate_before)
mean_after = np.mean(heart_rate_after)
std_before = np.std(heart_rate_before)
std_after = np.std(heart_rate_after)

# Perform t-test
t_statistic, p_value = stats.ttest_rel(heart_rate_before, heart_rate_after)

# Print results
print("Summary Statistics:")
print(f"Before: Mean={mean_before:.2f}, Std={std_before:.2f}")
print(f"After: Mean={mean_after:.2f}, Std={std_after:.2f}\n")
print("T-test Results:")
print(f"t-statistic = {t_statistic:.2f}")
print(f"p-value = {p_value:.4f}")
```

이 책에서는 대중적으로 챗GPT를 활용하는 방법에 대해 다룹니다. 코딩에 대한 전문적인 설명은 다소 어려울 수 있기에 깊은 설명은 하지 않겠습니다. 물론 챗GPT가 코딩을 더 쉽게 만들어주지만, 코딩에 대한 전문적인 지식이나 활용 방법이 없는 분들에게는 접근하기 쉽지 않을 것 같아 이 정도로 설명하겠습니다.하지만 Python 코드와 코딩에 대한 지식이 있는 분들은 챗GPT를 업무에 다양하게 활용할 수 있을 겁니다.

맺음말

인공지능의 발전은 빠르게 진행되고 있습니다. 이는 우리의 삶을 혁신적으로 변화시키고 있죠. 그러나 이러한 발전이 문제를 일으킬 수도 있습니다. 예를 들어, 성차별, 인종차별 그리고 AI 편향적 문제, AI 오류와 안정성의 문제, AI악용의 문제, 개인 정보 보호 문제, 그리고 킬러 로봇의 문제를 들 수 있는데요.

인공지능의 기술이 발전함에 따라, 일부 작업들이 자동화되고 있고 그러면 자연스럽게 일부 업무에서는 인간의 개입이 줄어들게 됩니다. 이때, 일자리 감소의 위험을 최소화하기 위해서는 새로운 기술을 받아들여 공존할 수 있도록 기업이나 국가 차원에서 더 많은 배움과 훈련을 지원해야 할 필요가 있습니다. 반면, 업무의 자동화를 우선시하여 인공지능에게 업무 전반을 맡긴다면 인간은 보다 복잡하고 감성적인 작업에 집중할 수 있을 것입니다. 이를 통해 인간의 감성과 인공지능의 효율적인 작업이 융합하여 새로운 창조적 작업의 결과물이 만들어 질 것입니다. 따라서, 우리는 인공지능의 발전을 최대한 활용하면서도 이러한 부정적인 측면을 최소화하고, 미래의 발전 가능성을 계속해서 모색해야 합니다. 인공지능이 우리의 삶을 더욱 풍요롭게 만들어주는 동시에, 이를 적절하게 활용하는 방법을 계속적으로 모색하고 조정하지 않으면 우리가 위협받을 수도 있기 때문이죠.

Here comes
the
GPT Generation

Chapter 3

온라인 N잡러

역대급 기회를 잡을 당신에게

'돈 벌기'가 핫한 키워드인 요즘 유튜브나 인스타그램 같은 SNS 또는 베스트셀러 등을 통하여 '경제적 자유'라는 단어를 쉽게 접할 수 있습니다. 이를 꿈꾸는 사람이라면 '파이프라인', '패시브 인컴', '온라인 건물주', 'N잡러' 등의 용어도 들어봤을 가능성이 크겠네요.

파이프라인은 말 그대로 돈을 끌어오는 '관'을 의미하는데요. 보통의 직장인들은 회사에서 벌어오는 근로 소득이 유일한 파이프 라인인데 반해 최근 N잡 열풍과 함께 많은 사람들이 수익 파이프라인을 다각화하기 위해 노력을 하고 있습니다. 최근에는 다양한 형태의 파이프라인이 등장하고 있는데, 그 중에서도 가장 주목받고 있는 것 중 하나가 '패시브 인컴(Passive Income)'입니다.

패시브 인컴이란 별다른 노동 없이도 지속적으로 수입을 얻을 수 있는 소득원을 의미합니다. 대표적인 예로는 유튜브 광고와 제휴 마케팅 등이 있습니다. 물론 일반적인 경우 이런 패시브 인컴만으로 생활비를 충당하기란 쉽지 않지만 추가적인 부수입원으로는 더할 나위없이 좋은 방법임에 틀림없죠.

예를 들어, 직장인 A씨는 얼마 전부터 퇴근 후 집에서 할 수 있는 일을 시작했는데요. 평소 즐겨하던 취미 활동을 통해 용돈벌이를 하고 있습니다. 직장 동료 B씨 또한 주말마다 카페 알바를 하며 소소한 행복을 누리고 있습니다. 이 두 사람 모두 본업 외에도 부가적인 수입을 얻고 있다는 점에서 공통점을 발견할 수 있는데요, 이렇듯 요즘은 많은 사람들이 투잡, 쓰리잡을 통해 금전적으로 보다 여유로운 삶을 영위하고자 노력 중입니다.

최근 인터넷상에서는 이른바 '온라인 건물주'라는 말이 유행처럼 번지고 있습니다. 페이스북, 인스타그램, 트위터 등 각종 SNS 플랫폼을 활용하여 수익을 올리는 것을 의미하는데요. 실제로 한 인플루언서 C씨는 지난 1년간 약 22억 원 가량의 매출을 올린 것으로 알려졌습니다. 많은 현대인들이 부러워 하는 디지털 노마드의 삶, 그야말로 걸어다니는 기업이 아닐 수 없습니다. 믿을 수 없다고요? 다음 페이지의 그림을 확인해 보시죠. 이 모든 것들이 멀게만 느껴지고, 어려워 보이시나요? 온라인 수익화를 위한 자금적, 시간적 투자를 엄청나게 단축시켜 줄 도구가 바로 챗GPT입니다.

샘 알트만(챗GPT를 만든 회사인 OpenAI의 창업주)은 본인의 트위터 계정을 통해 다음과 같이 말했습니다. '인공 지능은 가장 큰 경제적 힘이 될 것이라고 생각한다. 많은 사람들이 부자가 될 수 있는 최초의 동력이 될 것이다.'

[2022 대한민국 파워 유튜버 100] TOP 1~30

순위	채널	분류	구독자수(만 명)	시청횟수 (억 건)	업로드 (건)	추정 연소득(원)	전년 순위
1	계향쓰(GH'S)	게임	436	21.7	183	52억1404만	5(▲4)
2	옐언니	엔터테인먼트	181	9.9	533	52억1155만	신규
3	5분 Tricks	터득법	457	17.1	3810	47억9578만	신규
4	원정맨 (ox_zung official TikTok)	테크	176	10.9	618	43억1157만	신규
5	Hongyu ASMR 홍유	피플	1360	42.4	506	34억7629만	2(▼3)
6	야미보이	여행	689	26.8	975	29억1775만	4(▼2)
7	Jane ASMR 제인	피플	1670	64.1	1530	27억7925만	1(▼6)
8	햄지	엔터테인먼트	1000	31.9	444	25억7061만	3(▼5)
9	이공삼	엔터테인먼트	898	19.4	605	24억3328만	13(▲4)
10	SIO ASMR	피플	790	15.2	557	22억243만	24(▲14)

※2022년 7월 25일 기준 원천데이터 소셜블레이드

출처: 포브스 2022.8.23

출처: Sam Altman의 트위터 계정

지금부터는 챗GPT를 활용해 이 시류에 올라타는 사람들을 심심찮게 만나보게 될 것입니다. 선두를 잡을 것입니까? 뒤늦은 후발 주자가 될 것입니까? 아니면 이번에도 기회를 놓치시겠습니까? 새로운 도전을 두려워하지 말고 차근차근 준비해 봅시다. 이번 기회를 잡을 사람은 바로 여러분이니까요.

인공지능 글쓰기

블로그 포스팅

글을 쓰고자 하는 방향이 명확하다면 아래와 같이 짧고 명확한 프롬프트를 쓰면 됩니다.

> [주제]에 대한 [SNS 채널] 글 써줘

🙎 자기 개발에 대한 블로그 글 써줘.

단, 주제만 있고 글을 쓰기 위한 세부 주제라든지 진행이 더디다면 챗GPT의 도움을 받을 수 있는데요. 그럴 때는 아래와 같이 원하는 바를 다 상세하게 전달한 프롬프트를 쓰면 됩니다.

> [주제]에 대한 [SNS 채널] 글을 쓰고 싶어. [~ 성격의] 글 쓰고 싶어. [원하는 작업]하는 걸 도와줄래?

🧑 나는 자기 개발에 대한 블로그 글 쓰고 싶어. 잘 짜여진 글, 정보전달이 확실한 글. 하위 주제에 대한 아이디어를 짜고 관련 자료 및 통계 조사하는 걸 도와줄래?

숏폼 스크립트

— ◇ —

숏폼(short form video)이란 인스타그램 릴스, 틱톡, 숏츠와 같은 짧은 세로 영상을 의미합니다.

> [주제]에 대한 [원하는 시간 분량]의 영상 스크립트 만들어줘

🧑 부자가 되는 방법에 대한 1분 짜리 영상 스크립트를 만들어줘.

🌀 제목 : "60초만에 빠르게 부자 되기!"

[장면 1 : 소개]

진행자 : (웃으며) "혹시 빨리 부자가 되고 싶으세요? 다음의 간단한 4단계만 따르면 금세 성공할 수 있습니다. 갑시다!"

[장면 2 : 투자]

진행자 : (열정적으로) "1단계: 투자하세요! 주식, 부동산에 투자하거나 심지어 자

신의 사업을 시작하여 당신을 위해 돈을 투자하세요. 더 많이 투자할수록 더 많은 소극적 소득을 얻게 될 것입니다."

[장면 3 : 저장]

진행자 : (진지하게) "2단계: 절약하세요! 불필요한 지출을 줄이고 매달 돈을 저축하세요. 더 많이 저축할수록 재산이 더 빨리 늘어납니다."

[장면 4 : 학습]

진행자 : (격려) "3단계: 배우기! 개인 금융, 투자 전략 및 새로운 기회에 대해 지속적으로 자신을 교육하십시오. 지식은 힘이자 부입니다!"

[장면 5 : 네트워크]

진행자 : (자신감) "4단계: 네트워크! 지침, 조언 및 기회를 제공할 수 있는 성공적인 사람들과 연결하세요. 네트워크는 귀하의 자산입니다."

[장면 6 : 결론]

진행자 : (미소) "그게 다예요! 다음 단계를 따르고 부를 늘리는 것을 지켜보세요. 기억하세요. 부자가 되는 지름길은 없습니다. 시간, 노력, 헌신이 필요합니다. 재정적 성공을 향한 여정에 행운을 빕니다!"

[최종 화면 : "지금 부를 향한 여정을 시작하세요!"]

인스타그램 카드 뉴스

[주제]에 대한 [캐러셀]이 필요해.

🧑 부자가 되는 방법에 대한 캐러셀이 필요해.

(카드뉴스는 우리나라에서 통용되는 용어이므로, 캐러셀 또는 carousel이라고 입력해야합니다.)

💬 확실히, 나는 당신을 도울 수 있습니다. 다음은 부자가 되는 방법에 대한 가능한 캐러셀입니다.

슬라이드 1 : 소개 제목 : 부자가 되는 방법: 부를 쌓기 위한 팁과 전략

슬라이드 2 : 목표 정의 제목: 목표 정의 이미지: "목표"가 적힌 종이를 들고 있는 사람

캡션 : 부자가 되는 첫 번째 단계는 재무 목표를 정의하는 것입니다. 무엇을 달성하고 싶습니까? 원하는 삶을 살기 위해 얼마나 많은 돈이 필요합니까?

(중략)

슬라이드 8 : 결론 제목: 결론 이미지: 서류가방이나 돈뭉치를 들고 있는 사람

캡션 : 이러한 팁과 전략을 사용하면 부를 쌓고 재정적 자유를 얻을 수 있습니다. 목표를 정의하고, 현명하게 저축 및 투자하고, 배우고 개선하고, 계산된 위험을 감수하고, 네트워크를 형성하고 관계를 구축하고, 집중력과 끈기를 유지하는 것을 잊지 마십시오. 부자가 되는 여정에 행운을 빕니다!

GPT 세대가 온다

유튜브 스크립트

—◇—

[주제]에 대한 [유튜브 스크립트] 만들어줘

 부자가 되는 방법으로 유튜브 스크립트 만들어줘.

제목 : 부자가 되는 방법: 부를 쌓기 위한 팁과 전략

소개 : 부자가 되는 방법에 대한 동영상에 오신 것을 환영합니다. 부를 쌓고 재정적 자유를 얻을 수 있는 방법을 찾고 있다면 잘 찾아오셨습니다. 이 비디오에서는 부자가 되는 데 도움이 되는 몇 가지 팁과 전략을 공유합니다.

섹션 1 : 목표 정의 부자가 되기 위한 첫 번째 단계는 목표를 정의하는 것입니다. 재정적으로 무엇을 달성하고 싶습니까? 원하는 삶을 살기 위해 얼마나 많은 돈이 필요합니까? 목표에 대한 명확한 아이디어가 있으면 목표를 향해 작업을 시작할 수 있습니다.

(중략)

섹션 6 : 집중력과 끈기 유지 부자가 되는 마지막 단계는 집중력과 끈기를 유지하는 것입니다. 부를 쌓는 데는 시간과 노력이 필요하며 그 과정에서 장애물과 좌절이 있을 것입니다. 그러나 목표에 전념하고 목표를 향해 계속 노력한다면 재정적 성공을 거둘 수 있습니다.

결론 : 부자가 되기 위한 팁과 전략이 있습니다. 목표를 정의하고, 현명하게 저축 및 투자하고, 배우고 개선하고, 계산된 위험을 감수하고, 네트워크를 형성하고 관계를 구축하고, 집중력과 끈기를 유지하는 것을 잊지 마십시오. 무기고에 이러한 도구를 사용하면 부를 쌓고 재정적 자유를 얻을 수 있습니다. 시청 해주

셔서 감사합니다!

원소스 멀티유즈 (One source Multi use – 하나의 소재를 서로 다른 장르에 적용해 파급효과를 노리는 마케팅 전략)하려면 한 가지 주제에 대한 글을 결과값으로 받은 뒤, 블로그 글로 다시써줘/ 캐러셀로 다시써줘/ 1분 이내 영상 스크립트로 써줘/ 유튜브 스크립트로 써줘 로 계속 요청할 수 있습니다.

전자책 쓰기

—◇—

전자책을 쓸 때는 다음과 같은 단계를 따라서 쓰시는 것을 추천합니다.

0단계 : 챗GPT에 명령어를 입력하기 전에 청중, 대상 및 어조를 결정합니다. (미정이라면 챗GPT에게 하나씩 물어봐서 결정에 도움을 받을 수 있습니다.)

1단계 : 아래와 같은 프롬프트로 책에 대한 아이디어를 생성해 보세요.

프롬프트 :

> 책 쓰기 아이디어를 생성합니다. 대상은 [타겟 독자]입니다. 주제는 [원하는 주제]입니다. 톤은 [톤]입니다.

참고 : [톤]의 예시 - 캐주얼, 격식, 유머, 비꼬기, 영감, 설득력, 정보, 진지, 감정 및 흥분을 포함한 다양한 톤의 텍스트를 생성할 수 있습니다.

톤의 예시를 참고하여 예를 들자면 다음과 같습니다.

 책 쓰기에 대한 아이디어를 생성합니다. 대상은 [자신감이 없는 사람]입니다. 주제는 [자신감 향상]입니다. 톤은 [설득력 있고, 유머러스하게]입니다.

 제목: [자신감 부스터: 미소로 시작하는 용기의 여정]

목차:
1장: 두려움과 자신감의 전쟁 - 웃음의 무기로 이기자!
1.1 두려움을 인정하고 이해하기
1.2 웃음의 힘: 긍정적 에너지와 스트레스 해소
1.3 미소의 효과: 첫걸음을 가볍게 시작하기

2장: 웃음으로 승부하는 자기 소개 - 첫인상을 주름잡자!
2.1 유머러스한 자기 소개의 기술
2.2 인간관계에서 웃음의 역할
2.3 낯선 이들과의 만남에서 빛나는 자신감

3장: 비평과 거절을 웃음으로 이겨내기
3.1 거절에 대한 두려움 극복하기
3.2 유머로 상처를 덜어내는 법
3.3 비평을 받아들이고 성장하기 위한 마음가짐

4장: 웃음으로 풀어내는 습관 공장
4.1 자신감을 높이는 습관 만들기
4.2 웃음의 힘을 이용한 목표 달성 전략
4.3 실패를 즐기며 자신감 끌어올리기

5장: 웃음의 마법으로 사랑과 우정 쟁취하기
5.1 웃음으로 사랑의 불씨를 지피기
5.2 우정에서 자신감을 찾아내기
5.3 존경과 인정을 얻는 웃음의 비결

2단계 : 개요 작성을 위해서는 아래와 같은 프롬프트를 활용해 보세요.

프롬프트:

> [선택한 제목] 책의 개요를 작성합니다. 대상 [대상]. [장의 분량] 서론과 결론을 포함한 [숫자]장으로 구성될 것입니다. 줄 바꿈을 사용하지 않습니다.

예를 들어 위 질문에서 챗GPT가 추천한대로 책 제목을 '자신감 부스터 : 미소로 시작하는 용기의 여정'이라 적고, 책이 7장으로 구성된 경우 다음과 같이 질문할 수 있습니다. 이 때 '줄바꿈을 사용하지 않는다'라는 것은 '책'을 써야하니 흔히 볼 수 있는 인터넷 게재글처럼 계속 엔터를 치면서 글을 쓰지 말라는 셋팅입니다.

 [자신감 부스터: 미소로 시작하는 용기의 여정] 책의 개요를 작성합니다. 그 책은 [자신감이 없는 전연령의 사람들]을 대상으로 합니다. 그 책은 서론과 결론을 포함한 [7] 장으로 구성될 것입니다. 줄 바꿈을 사용하지 않습니다.

 자신감 부스터: 미소로 시작하는 용기의 여정은 자신감이 없는 전연령의 사람들을 대상으로 한 서적으로, 웃음과 미소의 힘을 활용해 자신감을 향상시키는 방법을 유머러스하게 전달합니다. 서론에서는 이 책의 목적과 독자들에게 제공할 가치를 소개하며, 총 7장의 본문에서는 다양한 자신감 향상 전략을 다룹니다. 첫 번째 장에서는 두려움과 자신감의 관계를 살펴보고, 미소를 이용해 첫걸음을 시작하는 방법을 제시합니다. 두 번째 장에서는 웃음을 활용한 자기 소개와 인간관계에서의 웃음의 역할에 대해 다룹니다. 세 번째 장에서는 비평과 거절을 유머로 이겨내는 방법을 소개하고, 네 번째 장에서는 웃음을 통한 자신감을 높이는 습관을 만드는 방법을 알려줍니다. 다섯 번째 장에서는 사랑과 우정에서 자신감을 발휘하는 방법을 배우고, 여섯 번째 장에서는 대중 앞에서 무대 공포를 이겨내는 방법을 알아봅니다. 마지막으로 일곱 번째 장에서는 웃음을 통한 자기 발전의 가치와 성공적인 자신감 향상 스토리를 공유합니다. 결론에서는 독자들에게 웃음의 여정에서 새로운 자신을 발견하고 용기와 자신감을 찾아가는 것을 권장합니다. 이 책은 웃음과 자신감의 힘을 통해 독자들이 삶의 질을 높이고, 인생의 다양한 장애물을 이겨낼 수 있도록 도와줄 것입니다.

GPT 세대가 온다

3단계 : 소개를 쓰는 경우에는 다음과 같은 프롬프트를 사용하면 도움이 됩니다.

프롬프트 :

> [책 제목]이라는 제목의 책 소개를 [원하는 수]단어로 [톤] 톤으로 작성합니다. 줄 바꿈을 사용하지 않습니다.

예를 들어 자신감 부스터라는 책의 소개글을 비교적 친절하게, 함께 하자는 듯 격려하는 느낌의 톤으로 쓰고 싶다면 다음과 같이 입력하면 되는 겁니다.

 [자신감 부스터]라는 제목의 책 소개를 750단어로 [친절하고, 격려하는] 톤으로 작성합니다. 줄 바꿈을 사용하지 않습니다.

 자신감 부스터: 미소로 시작하는 용기의 여정은 인생의 도전과 시련을 마주할 때 자신감이 부족하다고 느끼는 전연령의 독자들에게 힘이 되어주는 친절하고 격려하는 톤의 책입니다. 자신감을 향상시키는 데 도움이 되는 다양한 전략과 웃음의 힘을 활용한 방법을 소개하며, 독자들이 인생의 여러 과제와 도전에 대한 두려움을 이겨내고 삶의 질을 높일 수 있도록 도와줍니다. 이 책은 서론과 결론을 포함한 7장의 구성으로 독자들에게 실질적인 도움이 될 수 있는 다양한 내용을 제공합니다.

서론에서는 이 책의 목적과 독자들에게 제공할 가치를 친절하게 소개합니다. 이 책은 웃음과 미소의 힘을 활용하여, 자신감이 부족한 사람들이 용기를 내고 삶의 다양한 장애물을 극복할 수 있도록 돕기 위한 목표를 가지고 있습니다. 첫 번째 장에서는 두려움과 자신감의 관계를 이해하고, 미소를 이용해 첫걸음을 시작하는 방법을 친절하게 제시합니다. 두 번째 장에서는 웃음을 활용한 자기 소개 기술과 인간관계에서 웃음의 역할에 대해 다루며, 독자들이 소중한 인맥을 쌓아갈 수 있도록 격려합니다.

세 번째 장에서는 비평과 거절에 직면했을 때, 유머로 상처를 떨어내고 성장하기 위한 마음가짐을 배울 수 있습니다. 네 번째 장에서는 웃음을 통해 자신감을 높이는 습관을 만드는 방법을 알려주어, 독자들이 일상에서 긍정적인 에너지를 느끼며 삶의 질을 향상시킬 수 있도록 도와줍니다. 다섯 번째 장에서는 사랑과 우정에서 자신감을 발휘하는 방법을 배우며, 독자들이 소중한 사람들과의 관계를 더욱 풍요롭게 만들 수 있도록 격려합니다.

4단계 : 각 챕터를 쓸 경우 다음과 같은 프롬프트를 활용하세요. 챕터마다 해당 작업을 반복합니다.

프롬프트(책의 각 장, 최대 10장에 대해 반복) :

[제목], [O장]에 [원하는 톤] 톤으로 [원하는 수]단어 챕터를 작성합니다. 줄 바꿈을 사용하지 않습니다.

예를 들어 자신감 부스터라는 책의 1장에 첫 챕터에 1000단어 분량으로 써달라고 할 때, 그리고 그 글을 '진지한' 톤으로 쓰고 싶을 때 아래와 같은 프롬프트를 입력하는 것입니다. 이것은 책의 각 장에서 반복합니다.

 [자신감 부스터]라는 제목의 책 1장에 [1000]단어 분량의 챕터를 [진지한] 톤으로 써주세요. 줄 바꿈을 사용하지 않습니다.

 자신감 부스터: 미소로 시작하는 용기의 여정의 첫 번째 장에서는 두려움과 자신감의 관계를 깊이 있게 탐구하고, 미소를 이용하여 첫걸음을 시작하는 방법을 진지한 톤으로 제시합니다. 이 장에서는 자신감의 중요성과 그것이 인생의 다양한 영역에 미치는 영향에 대해 설명하며, 독자들이 자신감을 높이기 위한 필요성을 이해할 수 있도록 도와줍니다.

두려움은 우리가 살아가면서 불가피하게 마주치게 되는 감정이며, 두려움을 극복하지 못하면 우리의 성장을 저해하게 됩니다. 이 장에서는 두려움의 원인과 그것이 자신감에 미치는 영향을 분석하며, 독자들이 두려움을 인식하고 이를 극복하는 방법을 배울 수 있도록 안내합니다. 이를 통해 독자들은 인생의 도전에 대처할 수 있는 용기와 자신감을 발휘할 수 있게 됩니다.

자신감은 성공적인 인생을 살아가는 데 결정적인 요소 중 하나입니다. 이 장에서는 자신감이 부족할 때 우리가 겪게 되는 문제와 제한을 강조하며, 그것이 일상생활, 대인관계, 직장 성공 등 다양한 영역에 어떻게 영향을 미치는지에 대해 설명합니다. 이를 통해 독자들은 자신감의 부재가 인생의 질에 어떤 부정적인 영향을 미칠 수 있는지 인식할 수 있게 됩니다.

GPT 세대가 온다

5단계 : 결론을 쓸 때는 아래 프롬프트를 사용해보세요.

프롬프트 :

> [Title]이라는 제목의 결론을 750단어 분량의 [톤] 톤으로 작성합니다. 줄 바꿈을 사용하지 않습니다.

예를 들어 활자 혁명이라는 제목을 가진 책의 마지막에 격려하는 톤으로 750자 분량의 단어로 글을 마무리 하고 싶을 때 아래와 같이 입력합니다.

 [자신감 부스터]이라는 책의 결론을 750단어 분량의 [고무적인] 톤으로 작성합니다. 줄 바꿈을 사용하지 않습니다.

 자신감 부스터: 미소로 시작하는 용기의 여정의 결론에서는 이 책을 통해 배운 자신감 향상 전략들과 웃음의 힘에 대한 핵심 요약과 함께, 독자들이 앞으로 삶에서 자신감을 발휘하며 인생의 다양한 도전에 대처할 수 있는 용기를 기르는 것을 고무적인 톤으로 강조합니다. 이 결론은 독자들이 이 책에서 얻은 지식과 경험을 바탕으로 삶의 질을 높이고, 인생의 장애물을 극복하는데 도움이 되는 자신감을 계속 발휘할 것을 장려합니다.

이 책을 통해 독자들은 두려움과 자신감의 관계를 이해하고, 웃음과 미소를 이용하여 자신감을 향상시키는 방법을 배웠습니다. 또한, 자신감이 부족할 때 발생하는 문제와 제한을 극복하고 일상생활, 대인관계, 직장 성공 등 다양한 영역에서 자신감을 발휘하는 방법을 익혔습니다. 이제 독자들은 이 책에서 배운 지식과 전략을 적용하여 삶의 질을 높이고, 인생의 도전에 용기를 내어 성공적으로 극복할 수 있을 것입니다.

이 결론에서는 독자들에게 웃음의 여정에서 새로운 자신을 발견하고 용기와 자신감을 찾아가는 것을 고무적으로 권장합니다. 웃음과 자신감의 힘은 무한하며, 이 두 가지 요소를 통해 독자들은 인생의 도전과 시련을 극복할 수 있습니다. 이러한 과정을 거치면서 독자들은 삶의 질을 높이고, 인생의 다양한 장애물을 이겨내는 데 필요한 자신감을 발휘할 수 있게 됩니다.

이 책의 결론은 독자들에게 이 책에서 얻은 통찰력과 지식을 일상생활에 적극적으로 적용이렇게 받은 자료들을 워드 또는 한글 파일에 모아 정리하거나 어색한 부분을 매끄럽게 다듬어 전자책을 발행하면 됩니다. 구글 워크스페이스에 있는 구글 독스를 사용한다면 목차가 자동생성되고, 타인과의 협업도 원활할 수 있으니 활용해보시기 바랍니다.

다음은 챗GPT에게 인기 있는 전자책 주제 7가지를 물어봐서 얻은 정답이니 전자책을 쓰실 예정인 분들은 참고하시기 바랍니다.

1. **자기 개발** : 자신감 향상, 행복 찾기, 생산성 향상 및 불안 극복

2. **건강** : 식단 및 영양, 운동, 정신 건강, 자연 요법 및 질병 예방

3. **요리** : 다양한 요리를 위한 레시피, 비건 또는 글루텐 프리와 같은 특별 식단, 요리 기술

4. **사업과 창업** : 비즈니스 시작, 회사 성장, 마케팅 전략 및 재무 관리

5. **여행** : 여행 목적지, 모험 활동, 문화 체험 및 저예산 여행

6. **기술** : 코딩, 앱 개발, 디지털 마케팅, 사이버 보안 및 인공 지능

7. **육아** : 육아 기술, 가족 관계, 아동 발달 및 다양한 육아 문제 처리

구체적 수익화 방안

자, 그럼 AI가 써준 이 글들로 어떻게 하면 수익화가 되는 걸까요?

• 네이버 블로그

챗GPT에게 받은 자료로 네이버 블로그에 자신만의 콘텐츠를 꾸준히 쌓아요. 애

드포스트 광고 수익을 얻을 수도 있고, 상품 및 서비스 협찬으로 소비를 줄일 수도 있습니다. 네이버 인플루언서로 지원하여 상위노출을 한다면 셀프브랜딩에도 도움이 되겠죠. 하고 있는 사업이 있다면 도움을 받을 수도 있고, 인플루언서로 유명세를 떨칠 수도 있습니다.

• 티스토리 블로그

챗GPT에게 조금 더 정보성의 글 또는 이슈성 글을 작성해달라고 해서 다음의 티스토리 블로그를 운영할 수 있습니다. 구글에 애드센스 승인을 받아 포스팅 글 앞 뒤 또는 중간에 광고를 달아 수익화도 가능합니다. 애드센스 승인이 '애드고시'라 부를만큼 어렵고, 글이 쌓이는데 시간이 조금 필요하지만 한번 통과하고 나면 부수적인 수입이 지속적으로 발생하는 거죠.

• 다양한 숏폼 제작

챗GPT가 숏폼(짧은 동영상) 스크립트도 짜주죠? 단순히 대사만 주는 것이 아니라 장면별, 상황별로 상세히 콘티를 짜주기 때문에 그대로 따라서 제작이 가능합니다. 유튜브 숏츠는 구독자 천 명, 천만 조회수를 채우게 되면 광고수익을 얻을 수 있습니다. 실제 해외에서는 유튜브의 긴 동영상은 하나도 없고, 숏폼만 많이 발행하여 수익을 내고 있는 유튜버들도 많이 있습니다.

• 인스타 카드뉴스

인스타그램의 릴스가 아무리 유행이어도 정보를 전달하기에는 글이 더 설득력 있습니다. 릴스는 사람들의 눈을 끌어 유입을 늘려주지만, 글은 판매로 이어지게 해주죠. 챗GPT에게 받은 내용이나, 그 내용을 참고하여 카드뉴스를 발행하세요. 특정한 분야의 꿀팁을 계속 알려주면 사람들이 유입되고, 체류시간이 길어지며 찐팬이 형성됩니다. 그럼 팔로어가 자연스럽게 늘겠죠? 그 관심이 모여 인플루언서를 만들고, 책 발행, 광고, 강의 의뢰가 들어올 수도 있으며 챌린지를 운영하거나 상품 판매를 할 수도 있습니다.

• 전자책 발행

챗GPT가 브레인스토밍, 목록, 세부 내용, 내용 편집 및 교정까지 봐주니 이를 활용하여 전자책을 발행할 수도 있습니다. 뒷 장에 이어질 인공지능 이미지의 도움을 받는다면 삽화나 표지로도 활용 가능하고, 오히려 간단한 동화책을 만들어 낼수도 있겠죠. 챗GPT에게 받은 스토리를 번역하지 않고 그대로 발행한다면 세계 최대 인터넷 서점인 아마존에 입점해서 판매하고 수익을 낼 수 있습니다.

인공지능 이미지

다들 한 번쯤은 그런 경험이 있지 않나요? 자고 일어났을 때의 꿈의 내용이 너무 생생해서 꿈에서 봤던 물체를 그림으로 표현하고 싶은 경험이요. 이처럼 텍스트만 넣어주면 이미지로 만들어주는 인공지능 AI 사이트들이 많이 있습니다. 그 중 대표적인 몇 가지만 다루어 보도록 하겠습니다.

이미지를 생성하거나 수정할 수 있는 AI tool은 엄청 많습니다. 사이트 리스트는 삽지에 싣겠습니다. 이번 장에서는 가장 대표적인 두 개의 사이트를 같이 살펴보도록 하겠습니다.

위 작품은 2022년 9월 3일 콜로라도 주립 미술대회에서 '디지털 예술/디지털이미지사진' 분야에서 1등한 작품 '스페이스 오페라 극장'(Théâtre D'opéra Spatial) 입니다. 콜로라도 주립 미술대회는 콜로라도 주립 대학교의 미술학부에서 개최하는 전국적인 예술 대회입니다. 이 대회는 매년 열리며, 미국 전역의 예술가들이 참가하여 작품을 출품합니다. 다양한 예술 분야에서 작품을 출품할 수 있으며, 회화, 조각, 인쇄, 드로잉, 사진 등의 분야에 참가할 수 있습니다. 또한, 참가자들은 창작물을 무료로 출품할 수 있으며, 수상작은 주요 미술 갤러리에서 전시됩니다.

여기서 놀라운 것은 1등을 거머쥔 작품, '스페이스 오페라 극장'을 그린 제이슨 알렌(Jason Allen)은 게임디자이너로 전문화가가 아니며, 붓을 사용하지 않고 작품을 완성했다는 사실입니다. 붓이 아닌 미드저니(Midjourney-지시어를 입력하면 텍스트를 이미지로 변환해주는 AI 프로그램)로 만든 작품이라 수상 후 논란이 되면서 화제가 되었습니다. 그

GPT 세대가 온다

러나 수상은 번복되지 않았습니다. 눈치 채셨습니까? 이제 시대가 변하는 것입니다. 이처럼 인공지능의 능력은 상상을 초월하지만 이런 작품은 그냥 만들어지지 않습니다. 다양하고 자세한 프롬프트를 줘야 만들수 있습니다.

우리도 미드저니로 멋진 작품을 만들수 있을지 모르니 일단, 미드저니 가입부터 해보겠습니다.

미드저니(Midjourney) 가입

1. 구글에서 "미드저니"를 검색하거나 주소창에 https://midjourney.com을 넣고 들어갑니다.

2. "Join the beta"(회원가입) 와 "Sign In"(로그인)
디스코드 아이디가 있다면 Sign In 을 하고, 처음이시라면 Join the beta 로 들어갑니다.

3. 평소에 쓰시던 닉네임을 입력하세요.

4. 로봇인지 확인창이 뜨는데, "사람입니다"에 체크를 하고 제시하는
키워드에 맞는 그림을 클릭합니다.

5. 생년월일을 입력해주세요.

6. 이메일 주소와 비밀번호를 입력해 계정 등록을 합니다.

7. 계정 생성 후, 가입한 이메일로 가서 디스코드로부터 온 메일을 확인하여 인증해 주세요.

8. 계정 등록 후, 미드저니 디스코드 창에 들어왔다면 좌측 탭에 있는 여러 메뉴 중 'newbie-숫자'로 되어 있는 방에 입장합니다.

GPT 세대가 온다

9. 채팅창에 /imagine을 쓰고 스페이스바를 한 번 누르면 prompt라는 작은박스가 생깁니다. 여기에 AI가 그릴 그림에 대한 문장이나 단어를 입력후 엔터를 눌러줍니다.

설명을 구체적으로 입력하면 그림도 구체적으로 표현됩니다. 한글도 입력이 가능하나, 영문을 더 잘 인식하므로 영어로 검색하는 걸 추천합니다.

달리(Dalle·E2) 가입

1. 구글에서 "달리2"를 검색하거나 주소창에 https://openai.com/dall-e-2 넣고 들어갑니다.
2. "Try DALL·E"를 클릭합니다.

3. 가입은 이메일, 구글 아이디나 마이크로소프트 아이디로 가능합니다.

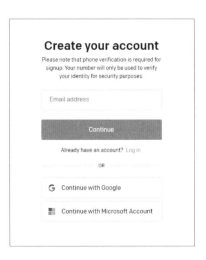

4. 이메일주소와 비밀번호를 넣어줍니다.

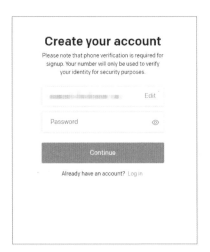

GPT 세대가 온다

5. 본인의 이메일로 들어가서 인증메일을 확인합니다.

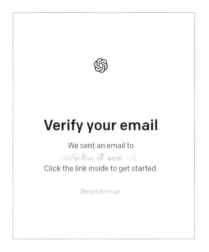

6. 성과 이름을 입력합니다.

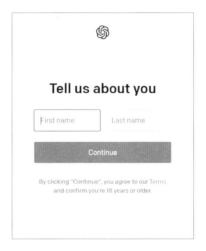

7. 휴대폰번호를 입력 후 인증번호 6자리를 입력합니다.

8. 첫화면 상단에 있는 창에 명령어를 넣고 "Generate"를 누릅니다.
(영어로만 사용가능)

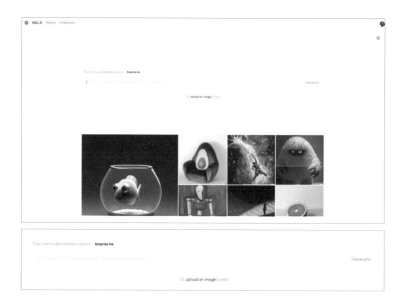

9. 오른쪽 상단 … 을 누르면 남은 크레딧 횟수를 확인가능합니다.

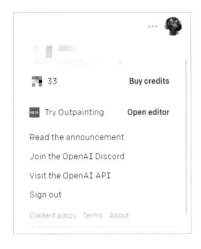

미드저니 vs. 달리2

	특징	공통점

미드저니	- 무료크레딧 25개 제공
	- 유료서비스 제공
	- 영어/한글 가능
	- 내가 작업하는 이미지,프롬프트가
	  누구에게나 공개됨
		-텍스트를 이미지로 변환시켜줌
		- 이미지 파일 삽입해서
		  그림생성가능
		- 한번에 4가지 이미지를 도출
		- 이미지 variation 기능탑재

달리2	- 무료크레딧 50개 제공
	- 매월 15크레딧 추가로 무료제공
	- 유료서비스 제공
	  (15달러 내고 115크레딧 구매)
	- 영어만 가능
	- 편집기능 탑재
	  (inpainting, outpainting기능)	

다음의 그림은 대표적인 AI 이미지 생성 사이트인 달리(전 버전)와 미드저니에 같은 프롬프트를 넣어도 이렇게 결과값이 나온다는 것을 보여줍니다. 화풍을 비교해 보세요.

Prompt : A beautiful rococo painting of a Persian woman covered in peacock feathers standing before a red mosaic wall. ultra-detailed.

출처 : https://www.reddit.com/r/dalle2

다음은 달리2 / 미드저니라는 AI 이미지 생성 사이트의 화풍 비교입니다. 같은 프롬프트를 입력했을 때 사이트별로도 다른 이미지를 생성해주지만, 같은 사이트내에서도 매번 다른 결과값이 나오니 이를 잘 활용해 보시길 바랍니다.

Prompt 1 : "Award-winning photograph of large waves crashing into a lighthouse in Devon during the peak winds of Storm Eunice."

Prompt 2 : "Award-winning photograph of a small stone bridge in the English countryside, covered in frost, lit by an early sunrise. The photographer got up early and waited for the clouds to clear before capturing this moment."

Prompt 3 : "Award-winning candid black and white photo of a young Indian woman in Varanasi smiling and dancing in the first monsoon rains."

Prompt 4 : "Close up photograph of a single bud emerging from dried, cracked ground with some dead grass after a long drought, bokeh trees in the distance, hot summer day, Photofest, trending, 4k."

출처 : https://www.researchgate.net

미드저니 버전4(V4)

— ◇ —

[기본 툴(tool) 설명]

Make Variations : 업스케일된 그림으로 또 비슷한 이미지를 4개 형성

Light Upscale Redo : 해상도 감소

Beta Upscale Redo : 많은 세부 정보를 추가하지 않고,해상도 높이고 디테일을 살려주는 기능. 얼굴과 매끄러운 표면에 유용하게 사용 가능

Web : 해당 이미지를 미드저니 홈페이지에서 확인 가능

이모티콘들 : 이미지에 대한 평가를 남길 수 있습니다. 매일 상위 1,000명의 이미지 평가자들에게는 1시간의 무료 고속 모드 시간을 부여받을 수 있다고 합니다. 나의 작업이나 다른 사람의 작업에 순위를 매기면 모두 수치에 반영됩니다. 만약 상위 1,000명에 속할 경우에는 미드저니 봇으로부터 직접 메세지를 받을 수 있습니다.

Light나 Beta Upscale Redo를 눌러서 받은 이미지에서는 리마스터 기능이 추가

Remaster : 최종 이미지를 토대로 유사한 이미지 생성

U : Upscale, 선택한 이미지를 구체화/ 선택

V : Variation, 선택한 그림을 비슷한 버전으로 다른 그림을 생성할 수 있는 기능

Redo : 생성된 이미지가 모두 마음에 들지 않을 때 모두 새로운 이미지로

보여달라는 의미

[구독 요금제]

요금 종류엔 Basic, Standard, Pro 이렇게 3가지가 있으며, 월구독과
연구독으로 나뉩니다.

연구독 시 월 납부요금이 20% 더 저렴하므로 장기적으로 사용할 계
획이라면 연간 구독으로 비용을 절약하는 것이 좋을 것 같습니다.

[간단 명령어 활용]

채팅창에 '/subscribe'를 입력하면 유료 구독 화면이 나타납니다.

채팅창에 '/settings'을 입력하면 셋팅값을 볼 수 있습니다.

GPT 세대가 온다

[주요 프롬프트]

이미지의 사이즈,화질,비율 등과 같은 정보를 나타냅니다.

Aspect Ratios

'-- ar' 을 넣어 이미지의 가로세로 비율을 설정합니다.

(예시)

-- ar 16 : 9 유튜브, 극장 스크린 화면 비율

-- ar 9 : 16 인스타 사이즈 비율

(좌) -- ar 16:9 / (우) -- ar 9:16

Quality

'--q' 를 넣어 사용하며 뒤에 .25, .5, 1 등등의 값을 넣을 수 있고 값이 클수록 고

퀄리티의 이미지 생성이 됩니다.

(예시)

--q .25, --q .5, --q 1

(좌) the sight of dogs and cats running around in the field, --q .25
(우) the sight of dogs and cats running around in the field, --q 5

미드저니에서 활용할 수 있는 더 많은 프롬프트 꿀팁은 삽지에 실었습니다.

[이미지 스타일]

(좌) a cute cat, 4K resolution / (우) a cute cat, cinematic realism

(좌) a cute cat, anime / (우) a cute cat, manga

(좌) a cute cat, comics / (우) a cute cat, flat design

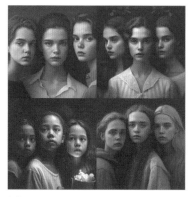

(좌) three girls, cinematic / (우) three girls, oil painting

(좌) three girls, manga / (중) three girls, comics / (우) three girls, anime

(좌) three girls, black pen / (우) three girls, flat design

DALL·E2 (달리2)

— ◇ —

OpenAI에서 개발한 DALL·E와 DALL·E 2는 입력된 텍스트로부터 이미지를 생성해 주는 기계 학습 모델이며, 현재 OpenAI 사이트를 통해 이용이 가능합니다.

DALL·E라는 이름은 픽사의 애니메이션 로봇 캐릭터인 월-E와 스페인의 아티스트 살바도르 달리(Salvador Domingo Felipe Jacinto Dalí i Domènech)에서 따온 것입니다.

2021년에 첫번째 버전이 출시되었고 2022년 4월에 두 번째 버전이 출시되었습니다.

DALL·E는 글로벌 이미지 저작권 판매 사이트인 셔터스톡(Shutterstock)과 파트너십을 맺고 있고 학습에 필요한 이미지를 제공받고 있다고 합니다.

[달리2 사용법]

프롬프트를 넣고 Generate 를 누르면 사진이 네 장 나옵니다.

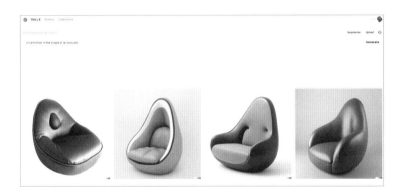

마음에 드는 사진 하나를 골라 오른쪽위에 … 을 눌러보면 이런 창이 나오는데요.

- Open in new tab (새창에서 사진 열기)

- Edit image (이미지 수정 : 생성된 이미지를 수정할 수 있습니다.)

- Generate variations (변형 만들기 : 원본과 비슷한 이미지가 생성됩니다.)

- Download (이미지 저장 : 클릭하면 이미지가 저장됩니다.)

• Report (이미지 신고 : 부적절한 이미지가 생성됐을 때 눌러서 사이트 측에 알려주는 기능입니다.)

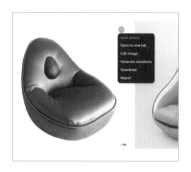

Edit image

• 지우개툴(inpainting)

지우개 툴로 불필요한 부분을 없애거나 그 부분에 이미지를 넣을 수도 있습니다.

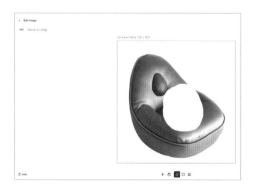

GPT 세대가 온다

쇼파에 앉은 고양이를 표현해 보았습니다.

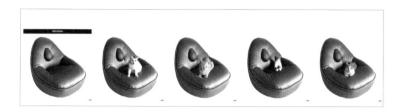

[예시]

"4 roses in a vase" 를 넣어 만든 이미지

지우개 툴을 이용하여 yellow rose / blue rose / white rose 입력값
을 넣어 생성하면

알록달록한 꽃의 느낌을 살릴 수 있습니다.

확장기능(outpainting)

원본 그림을 확장하여 가로,세로 비율로 대규모 이미지 생성가능

4번째에 있는 Add generation frame F (사각 아이콘)을 눌러서 원본
과 겹치도록 새로운 영역을 만듭니다. (이때, 반드시 영역이 겹치도록 해
야합니다.)

내가 원하는 프롬프트를 넣고 이미지를 확장해봅니다.

프롬프트 : complete outpainting

화살표 방향을 좌우로 눌러가며 4가지 사진을 확인 후 "Accept"를 눌러줍니다.

Surprise me

이 기능을 이용하면 랜덤으로 프롬프트를 제공해줍니다.

GPT 세대가 온다

[예시]

1. 네덜란드 작가 요하네스 페르메이르의 '진주 귀걸이를 한 소녀' 를 재해석한 이미지입니다. 이 작품은 44.5x39cm에 불과한 원작을 '아웃페인팅 기술'로 20배 확대 구현한 그림이며, 뒷 배경에 잡동사니가 가득한 방의 이미지를 추가해 그려 넣었습니다.

2. 고시원같은 한 평 남짓한 고흐의 방을 확장공사해 줄 수 있습니다.

GPT 세대가 온다

3. 모나리자의 다리가 궁금하다고요? 확장기능으로 그녀의 OOTD (Outfit Of the Day - 오늘의 패션)까지 엿볼 수 있습니다.

이미지 수정과 확장을 보고 놀라셨다고요? 아직 놀라긴 이릅니다. 다음으로는 우리가 이름만 대면 알 법한 유명 화가들의 화풍을 그대로 재현한 이미지를 보여드리겠습니다.

프롬프트 :

[피사체] in the style of [유명 화가 이름]

(좌) 파블로 피카소의 '거울 앞의 그녀' / (우) three girls in the style of Pablo Picasso로 얻은 이미지

(좌) 클로드 모네의 '양산을 든 여인' / (우) three girls in the style of Claude Monet로 얻은 작품

(좌) 빈센트 반 고흐의 '별이 빛나는 밤' / (우) in the style of Vincent Van Gogh로 얻은 작품

GPT 세대가 온다

(좌) 구스타프 클림트의 '키스' / (우) three girls in the style of Gustav Klimt로 얻은 작품

(좌) 프리다 칼로의 '엘리서 박사에게 보내는 자화상' / (우) three girls in the style of Frida Kahlo로 얻은 작품

(좌) 에드바르트 뭉크의 '절규' / (우) three girls in the style of Edvard Munch로 얻은 작품

앞의 그림들에서 볼 수 있듯이 이미지 생성 AI 사이트들은 사용자 '프롬프트'대로 결과물을 잘 만들어내지만 인간의 얼굴 표정과 손가락 움직임을 생성하는 데 어려움이 있습니다. 그렇기에 때로는 AI로 생성한 사람 이미지는 이상하게 보일 수 있습니다. 인간의 표정과 동작은 매우 복잡하므로 AI 알고리즘이 정확하게 모방하기 어렵기 때문입니다. 얼굴 표정의 경우 개인마다 다른 감정과 미묘한 움직임이 있고, 조명이나 각도의 차이도 생성된 얼굴 표정의 사실적인 정도에 영향을 줍니다. 마찬가지로 손가락 움직임 또한, 복잡하고 섬세하므로 AI가 완전히 이해하기에는 어려움이 따릅니다. AI는 이미지 생성에서 상당한 발전을 이루었지만 인간의 표정과 움직임을 정확하게 포착하는 데에는 한계가 있는 것입니다. 하지만 AI 기술이 계속 발전함에 따라 이러한 문제가 점차 해결되고 AI가 생성하는 얼굴 표정과 손가락 표정이 더욱 사실적이고 생생해질 것이라 기대해봅니다.

구체적인 수익화 방안

— ◇ —

이렇게 텍스트만 입력해서도 이미지가 생성됩니다. 이 인공지능 이미지를 활용해서도 다양한 수익화가 가능한데요.

• 로고/명함 디자인

숨고, 크몽 등에서 로고, 디자인, 명함 등의 의뢰를 받아 AI 이미지 제작 사이트/앱을 통해 이미지를 생성해서 보내줍니다. 온/오프라인 인쇄소에서 작업한 것을 프린트해서 판매할 수도 있습니다. AI로 생성한 이미지는 프롬프트만 잘 입력한다면 퀄리티가 보장되지만, 글자 표현이 뜻대로 안 나옵니다. 이때 미리캔버스, 캔바, 포토스케이프 같은 별도의 템플릿 툴을 조금만 익힌다면 편집하여 글자를 넣을 수 있습니다.

• 파워포인트 템플릿 디자인

16 : 9 비율로 제작하여 여러 템플릿을 만들어 개별 또는 패키지로 판매 합니다.

• 포스터 디자인

한글, 알파벳, 숫자 등에 디자인 요소를 넣어 AI 이미지를 제작한 후 반코팅지에 인쇄해 판매할 수도 있고요.

• 패브릭 상품

감성이 담긴 작품이라면 패브릭에 인쇄해 패브릭 포스터 또는 커튼, 가림천, 쇼파 쿠션 커버로 제작해 스마트스토어에 판매하거나 지마켓, 옥션 등 오픈마켓 판매처에서 판매할 수 있습니다.

• 프린팅 상품

티셔츠, 머그 컵, 텀블러, 접시 등에 원하는 이미지를 프린팅하는 사업이 가능합니다. 조기축구회 야광조끼 등 단체 조끼 및 단체복 디자인도 가능합니다. 휴대폰 케이스, 그립톡, 냉장고 자석 등에 인쇄하여 판매하는 것도 가능합니다.

• 개인 사진 커스터마이징 디자인

한때 웨딩 사진이나 초상화를 팝아트로 바꾸는 게 한참 유행했었죠? 사진을 캐

리커처, 데생, 만화풍, 유명한 화가의 화풍으로 바꿀 수도 있습니다. 고객의 사진을 받아 이벤트를 해도 좋고, 판매해도 좋습니다.

• 홈갤러리를 위한 작품 디자인

유명작가풍으로 그림을 만들어 인쇄 업체에 의뢰하여 작품을 인쇄한 뒤 판매까지 이어지도록 합니다. 집 안 곳곳에 걸 수 있는 작품들을 제작하여 온라인 인쇄소에서 종이 질감을 고려하여 인쇄한 후 액자에 넣어 판매할 수 있습니다.

• 문구류(스테이셔너리)

이외에도 스티커, 포스트잇(떡메모지), 편지지, 다이어리 속지 등을 만들 수 있어요. 요즘 SNS상에 #공스타그램으로 공부 인증을 하는 분들이 많죠? 공부하는 분들은 문구류에 관심이 많습니다. 또 그들은 계획 짜는 것도 중시하는데요. 그러다 보니 자연스럽게 흔히 다꾸라 부르는 다이어리 꾸미기에도 관심이 많습니다. 아이패드 필기앱(굿노트 등)에 활용 가능한 커버 및 내지 템플릿도 만들 수 있고, 다이어리 템플릿도 제작/판매 가능합니다.

• 이모티콘

카카오톡, 네이버 라인에 이모티콘을 만들어 등록해 수익화도 가능하니 여러방법으로 수익을 창출해보길 바랍니다.

인공지능 동영상

인스타그램이나 페이스북 피드 등 SNS상에서 다양한 형태의 콘텐츠들을 접할 수 있습니다. 특히 이러한 콘텐츠들 가운데 사진, 동영상의 비중이 압도적으로 높은데요. 텍스트만 넣어 초보자들도 쉽고 간단하게 내가 원하는 영상으로 제작해주는 AI 사이트들이 있습니다.

이미지를 영상으로

D-ID를 이용해 Sam Altman(챗GPT를 개발한 OpenAI의 CEO)의 얼굴로 영상을 만들어 보겠습니다.

먼저 챗GPT에게 Sam altman의 설립 신념을 물어보겠습니다. 영어영상을 만들 거라 답변을 영어로 받아보겠습니다.

🧑 샘 알트만의 설립신념 알려줘? 답변은 영어로 해줘.

🔷 Sam Altman, the former CEO of OpenAI, has spoken publicly about his faith as a founder. Altman is a self-described atheist, but he has also expressed a belief in the importance of purpose and meaning in life.

In a 2016 blog post, Altman wrote, "I don't believe in God or an afterlife, but I do believe in purpose. I think humans need a sense of purpose to be happy and fulfilled." He went on to explain that he believes that creating something new and valuable is a way to find purpose and meaning in life, and that this drive to create is what motivates many entrepreneurs.

Altman has also spoken about the ethical responsibilities that come with being a founder. In a 2019 interview with Vox, he said, "I think the people who are successful in the long run are the ones who are thinking about how to make the world a better place, not just how to make a quick buck."

Overall, while Altman may not have a traditional religious faith, he does hold strong beliefs about the importance of purpose, meaning, and ethical responsibility in the work of a founder.

"I think the people who are successful in the long run are the ones who are thinking about how to make the world a better place, not just how to make a quick buck."

(장기적인 관점으로 생각했을 때 성공하는 사람은 단기간에 돈 벌 방법만 궁리하는 사람이 아니라 더 나은 세상을 만드는 데 기여할 방법을 고민하는 사람입니다.)

이 문구가 마음에 듭니다. 이제 영상을 만들기 위해 D-ID사이트에
접속합니다.

1. 구글에서 D-ID를 검색합니다.

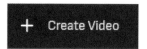

2. 구글연동으로 간단하게 로그인, Create Video 클릭

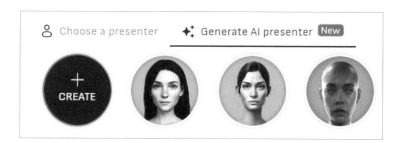

3. Generate AI presenter 클릭

4. 만들고자 하는 인물의 이름 입력 후 Generate 클릭

(주의할 점은 한글은 입력이 안된다는 점입니다. 한글로 입력하면 키보드가 인식하지 못합니다. 영어
로만 입력해야 생성가능합니다.)

5. 생성된 이미지 확인 후 마음에 드는 이미지 선택

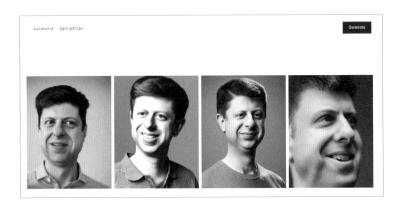

6. 4개의 얼굴 중 마음에 드는 얼굴 선택

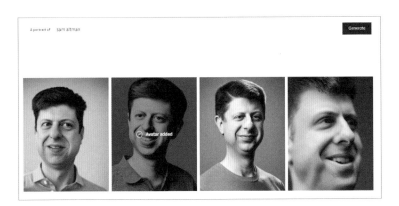

7. Avatar added 클릭 하면 얼굴이 추가됩니다.

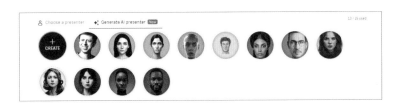

GPT 세대가 온다

8. 우측에 Script에 챗GPT에게 받은 마음에 드는 글귀를 입력

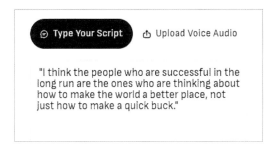

9. 국적과 보이스를 선택

한국어 지원이 되긴 하지만 음성이 부자연스럽고, 목소리 선택도 남자 한 명, 여자 한 명 밖에 고를 수 없습니다. 우리말이 나오는 영상을 만들고 싶다면 다음 사이트의 서비스를 활용해 보세요.

- **브루** https://vrew.voyagerx.com/ko/
- **클로바 보이스** https://clova.ai/voice/
- **타입캐스트** https://typecast.ai/

10.우측 상단에 Generate video를 클릭하면 영상 완성

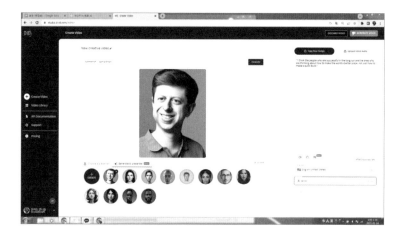

텍스트를 영상으로

— ◇ —

이미지를 만들거나 찾는 것도 잘 몰라서 힘드신 분들, 텍스트도 영상으로 만들 수 있다는 사실을 아시나요? 챗GPT에게 영상주제에 대한 스크립트를 받아서 픽토리(PIctory)나 디스크립트(Descript)를 이용하면 영상도 만들고 음성 더빙까지 가능합니다.

챗GPT에서 다음과 같은 프롬프트를 입력하고 응답을 얻을 수 있습니다.

'동기부여' 글을줘. [숫자] 분짜리 유튜브 영상을 만들거야.

'긍정 확언' 글을 써줘. [숫자] 분 분량의 영상을 제작하려고 해.

다음 단계를 계속 이어서 따라해 보세요.

[Pictory ai 사용법]

1. https://pictory.ai 주소로 접속하거나 구글에서 Pictory ai 검색 후 들어갑니다.

pictory.ai
https://pictory.ai ▼

Pictory – Video Marketing Made Easy - Pictory.ai

Pictory's advanced **Artificial Intelligence (AI)** gets your content working for you by automatically extracting 'golden nuggets' hidden deep within your Zoom, ...

2. 'Get Started For Free' 클릭

3. 회원가입하기

Name (이름) / Email (이메일) / Password (8자리이상, 최소 1개의 대문자,특수문자,숫자) 입력합니다.

GPT 세대가 온다

4. 가입완료.

'Create a video' 클릭합니다.

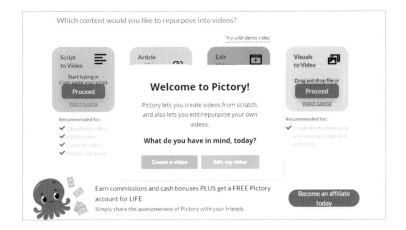

5. 스크립트 동영상 만들기

'Proceed' 클릭합니다.

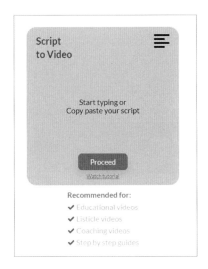

6. 스크립트 편집기 (영어로 사용)

동영상 제목을 넣고 아래창에 내용 붙여넣습니다. 한글 지원은 안 되므로 영어로 사용합니다. (파파고,구글번역기 이용) 'Proceed' 클릭합니다.

7. 동영상 템플릿 선택하기

주제에 맞는 템플릿을 선택 'Select'를 누르고, 원하는 비율을 선택 후 'Continue'를 클릭합니다.

GPT 세대가 온다

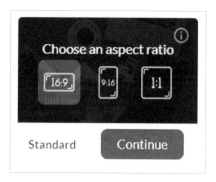

8. 동영상 1차 제작 완성

9. 음성 더빙

왼쪽 탭중 'Audio'에 ' Voice-over' 누르면 음성더빙 가능합니다.

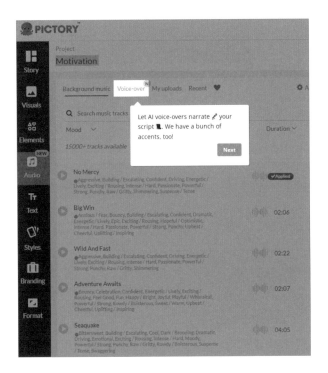

10. 옵션 이용하여 퀄리티를 더하기

글자크기, 이모티콘 삽입 등등 원하는 옵션추가합니다.

11. 동영상 최종 완성

오른쪽 위에 'Generate' - 'Video' 눌러 동영상을 완성하고 다운로
드합니다.

GPT 세대가 온다

12. Pictory ai 사이트에서 텍스트를 넣으면 동영상을 만들 수 있습니다.

　픽토리로 완성된 영상이 부분적으로 마음에 들지 않는다면 휴대폰에서 사용할 수 있는 영상 편집 앱인 Vllo를 사용해 살짝 편집하거나 픽셀스(https://www.pexels.com/ko-kr/), 픽사베이(https://pixabay.com/ko/)등에서 무료 영상 및 이미지를 추가적으로 다운받아 편집할 수 있습니다.

　Descript라는 프로그램을 사용하면 원하는 영상을 고르거나 더 정교하게 편집할 수 있습니다.

구체적 수익화 방안

— ◇ —

　이렇게 텍스트로 영상을 생성해내는 AI tool을 활용해 다음과 같이 수익화를 할 수 있습니다.

동기부여 영상

유행처럼 번지는 동기부여용 영상(명언, 긍정 확언 등)을 만들고 싶으신가요? 동기부여, 자기계발 채널에서 쉽게 만나볼 수 있는 외국인들이 나오거나 절경이 펼쳐지는 유튜브 영상들도 쉽게 만들 수 있습니다. 챗GPT를 활용해 동기부여 글, 격언 또는 유명인의 명언 등을 발췌합니다. 유명인의 얼굴 이미지를 만들어서(앞에서 언급한 D-ID사이트 활용) 보다 쉽게 영상을 제작할 수 있습니다.

팔로어 또는 구독자가 늘어나면 책을 낼수도, 강의를 할 수도, 물건을 팔 수도 있겠죠. 유튜버라면 구독자나 조회수를 늘려서 애드센스로 광고 수익을 얻을 수도 있고, 기업체의 광고 및 협찬을 받을 수도 있습니다. 여기서 유튜브로 광고수익을 얻기 위해서는 구독자 1천 명에 동영상 시청시간 4천 분을 달성하거나, 구독자 1천명 쇼츠 1천만 조회 수를 달성하면 애드센스 승인이 나고 파트너쉽이 체결되어 광고 수입을 얻을 수 있습니다. 쇼츠를 많이 발행한 후 하나로 모아 긴 포맷의 영상을 만드는 것도 방법입니다.

외국어 학습 채널

챗GPT에 상황별 외국어 회화 문장을 알려달라고 하면 엄청 친절하게 잘 알려줍니다 그 문장들을 한국말로 번역해달라고 한 후 우리말과 영어 문장을 복사해서 브루(Vrew/ 사이트 또는 프로그램)로 가져가서 한국말로 읽고 그다음 영어문장을 읽는 영상 하나를 뚝딱 만들 수 있습니다. 영어를 못 하더라도 이런 영상 만들어 유튜브에 업로드하면 영어 공부하실 분들이 중복으로 시청하여 시청시간 및 구독자가 늘어날 수 있습니다.

온라인 강의

내가 원하는 강의 내용을 챗GPT에게 스크립트로 받을 수 있습니다. 그 스크립트를 바탕으로 영상을 제작하면 보다 손쉽게 영상 하나가 완성됩니다. 만약 내 얼굴이 노출되는 게 싫다하시는 분들은 이모지(emoji)나 나의 AI캐릭터를 만들어 내 얼굴 대신 영상에 노출시키면 됩니다. 또 다른 방법으로는 픽토리(Pictory)를 이용하여 스크립트 관련 영상을 받고 음성더빙을 한뒤, 자막을 추가하게 되면 영상을 쉽게 제작할 수 있습니다.

인공지능 음악

나도 작곡가 도전!

—◇—

음악제작 AI사이트 Soundraw와 AIVA 를 소개해 드릴게요.

두 서비스 모두 음악 생성 기능을 제공하지만, Soundraw는 추가적인 기능이 많아서 사용자가 원하는 대로 맞춤 설정을 할 수 있습니다. 또한, Google Chrome 및 Premiere Pro와 같은 다른 툴과 연동하여 사용할 수 있습니다. 반면에 AIVA는 사전 설정 스타일을 선택하여 간단하게 작곡할 수 있으며, 무료 기본 플랜도 제공합니다. 사용자는 자신이 원하는 용도와 기능에 따라 선택할 수 있습니다.

기능/서비스	Soundraw	AIVA
음악 생성 방법	사용자 정의 기능을 통해 각각의 곡을 무한히 즉흥 연주 가능	사전 설정 스타일을 선택하고 '만들기' 버튼으로 빠르게 작곡 가능
사용자 인터페이스	쉬운 사용자 인터페이스 제공	-
음악 편집기	사용 가능	사용 가능
다운로드	무제한 다운로드 기능 제공 (상용 버전)	매달 약 300곡을 다운로드 가능
가격	7일 무료 평가판 제공 월간 구독 가격은 $19.90부터 시작	영원히 무료인 기본 플랜 제공 프리미엄 플랜은 월 $11부터 시작
추가 기능	상용 버전에서 노래 북마크 기능 등 다양한 혜택 제공	다양한 사전 설정과 지정된 음악 형식 제공
툴 연동성	Google Chrome 및 Premiere Pro 플러그인 제공	-

Soundraw로 음악 만드는 과정을 보여드릴게요.

1.구글에서 Soundraw검색

2.접속하여 create music 클릭

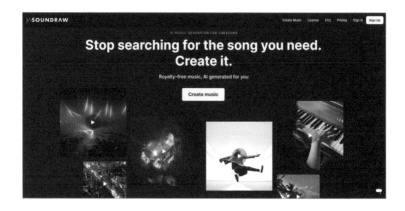

3.음악의 무드와 장르,테마 뿐만 아니라 음악길이,템포도 고를 수 있습니다.

GPT 세대가 온다

4.원하는 선택을 하면 음악을 생성해 줍니다. 생성된 음악을 들으면서 선택을 바꿀 수 있습니다.

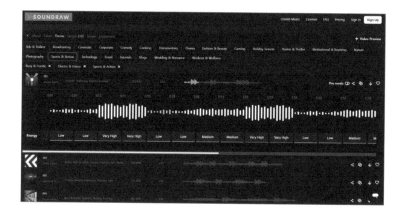

5.저작권 여부를 확인할 수 있습니다.

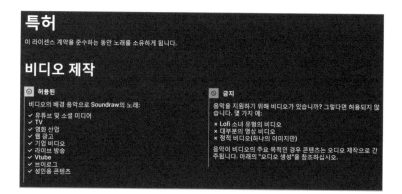

이런 방식으로 내가 원하는 느낌,템포,악기를 사용해서 음악을 만들면 저작권에 위반되지 않은 선에서는 얼마든지 자유롭게 사용 하실 수 있습니다.

카페를 운영하시는 분이라면 매장용음악을 만들 수 있고 유튜버들은 영상의 배경음악도 만들 수 있습니다. 이런 음악을 모아서 음악감상, 백색소음 감상 유튜브 채널을 운영하시는 것도 좋은 수익화의 방법이라고 할수 있습니다.

맺음말

조물주 위에 건물주라는 말이 있었죠? 아직 사회경험이 적어 자본 금이 빵빵하지 않은 MZ 세대들은 '온라인 건물주'를 꿈꿉니다. 온라 인에서 건물주가 되는 것도 결국에는 특정 채널에서 성실하게 본인 의 입지를 다지는 것이라 할 수 있는데요. 주제를 잘 잡아서 알고리즘 의 간택을 받아 빵 터져 떡상하는 것은 '운'이 어느 정도 따라줘야 하 니 보편적인 경우를 두고 설명해 보겠습니다. 온라인 건물주가 되는 빠른 방법 중 하나는 닥업(닥치고 업로드)입니다. 다소 거칠게 들릴 수 있으나 스마트 스토어 열풍에 '닥등(닥치고 등록)'이 유행했던 것과 같 은 원리입니다. 많은 상품을 진열해 둔 상점에서 많은 소비가 일어난 다는 것이죠. 채널에 들어와서 시간을 소비할 것들이 많다면 당연히 빠르게 입지를 다질 수 있을 것입니다. 챗GPT 외 많은 글쓰기 AI들 이 쏟아지는 가운데, 1시간당 30개의 글을 업로드 한다느니 일주일에 일천개의 포스팅이 가능하다느니 등 많은 썰들이 존재합니다. 그런데 과연 이런 것들이 표절논란 내지는 각 검색 엔진에서의 유사문서로부터 안전할까? 라는 고민을 해 볼 필요가 있습니다. 지금은 어느 규제도 없고, 기준이 없다보니 일파만파 AI가 쓴 글들이 많이 퍼질 수 있습니다. 하지만 AI가 쓴 글을 잡아내는 확장 프로그램 및 사이트가 어느 순간 그 글들을 걸러내겠다 하면 어떻게 하실 건가요? 따라서 필자는 검색 엔진 최적화(SEO - Search Engine Optimization)작업이 필요하며, 이런 글쓰기 AI 툴에서 응답으로 얻은 글에 아이디어를 얻어 글을 쓰거나, 그 글에 나의 스타일을 입히는 등 후가공을 하는 게 좋겠다는 의견입니다.

Here comes
the
GPT Generation

Chapter 4

갓생 사는 법

챗GPT가 도와주는 갓생 살기

갓생이란 신(God)과 인생(Life)의 합성어로, 인생을 열심히 사는 사람들을 지칭하는 신조어로 주로 SNS에서 사용됩니다. 이와 같은 신조어가 등장하게 된 배경에는 최근 사회적으로 이슈가 되고 있는 MZ세대의 특징이 자리잡고 있습니다. 대학내일 20대 연구소가 2022년, MZ세대 900명을 대상으로 조사한 결과에 따르면, 응답자의 77.2%가 '매일 실천하려고 노력하는 루틴이 있다'고 답했습니다. MZ세대는 기성세대와는 달리 자신만의 개성을 중시하며, 효율성과 가성비를 중요시합니다. 따라서 이들에게 정해진 틀대로 살아가는 것은 더이상 매력적이지 않은거죠. 그래서일까요? MZ세대의 "노력"은 기성세대의 "노오력"과는 다릅니다. 자신의 공부 시간, 또는 운동과 식단, 나아가 전체적인 데일리루틴까지 SNS상에서 인증하고 보여주며 또래와 소통합니다. (인스타그램 해시태그 #오운완 #공스타그램 #todolist 참고) 이

것이 각자의 방식대로 열심히 살아가고 있는 다양한 분야의 인플루언서들을 쉽게 찾아볼 수 있는 이유입니다. 이들은 치열한 경쟁 사회에서 남들보다 앞서기 위해 노력하기보다는 자신이 행복을 느낄 수 있는, 그들이 좋아하는 일에서 빛나기 위해 노력합니다.

그럼 이건 비단 MZ세대만의 변화냐고요? 그렇지 않습니다. MKYU 김미경 학장님의 #굿쩍월드 와 영국 선데이타임즈 선정 세계 400대 부자 중 한 분인 캘리최 회장님의 #켈리스를 필두로 새벽에 일찍 일어나 '나만의 시간을 갖자'는 30~50대 육아맘들과 주부들도 '나'에게 집중하는 문화를 형성하고 있습니다.

이제는 '나'에 집중하자는 시대상을 반영하여 내 삶에 적용해야 합니다. 갓생살기를 챗GPT에게 도움받는 방법은 다음과 같습니다.

• 건강한 신체 유지 (운동, 식단 등)

• 건강 관리

• 정신 건강을 위한 활동 (명상, 스트레스 관리 등)

• 여행

• 요리

• 재정관리

• 전문가 영역 조언

• 영어공부

• 창작활동(시, 소설, 동화, 노래, 랩 가사, 가사, 게임스토리, 네이밍)

• 심심풀이(로또번호, 사주풀이, 끝말잇기, 연애상담)

신체 건강 관리

기존세대는 일하느라, 공부하느라 미뤄뒀던 운동을 MZ세대는 중요시한다는 것이 대표적인 사례라 할 수 있습니다. 운동계획을 짜는 일은 사람들이 어렵게 생각하는 일 중 하나지만 챗GPT를 이용한다면 손쉽게 세워볼 수 있습니다. 챗GPT는 목표, 체력 수준 및 사용 가능한 장비에 따라 맞춤형 운동 루틴을 만들 수 있도록 도와줍니다.

운동계획

—◇—

> 나는 [체력 목표]을 하고 싶어. 나는 집에서 [사용 가능한 운동 기구]를 이용할 수 있어. 이 도구들을 활용해서 내 체력 목표를 충족시키는 [주간/월간/연간] 운동 계획을 짜는 걸 도와줄래?

🧑 나는 [심혈관 지구력을 향상시키고 근육을 만들고] 싶어. 나는 집에서 [러닝머신, 고정 자전거, 아령]을 이용할 수 있어. 이 도구들을 활용해서 내 체력 목표를 충족시키는 [주간] 운동 계획을 세우는 것을 도와줄래?

🤖 물론입니다. 사용 가능한 장비를 통합하고 심혈관 지구력 향상 및 근력 강화라는 피트니스 목표를 충족하는 주간 운동 계획을 세우는 데 도움을 드릴 수 있어 기쁩니다. 따를 수 있는 샘플 계획은 다음과 같습니다.

1일차 : 유산소 및 상체 근력 훈련

워밍업 : 5~10분의 가벼운 유산소 운동(러닝머신 또는 실내 자전거)

주요 운동 :

러닝머신 또는 실내 자전거에서 20분 동안 꾸준한 유산소 운동(가장 좋아하는 것을 선택)

덤벨 벤치 프레스(10회씩 3세트)

덤벨 숄더 프레스(10회씩 3세트)

덤벨 바이셉 컬(10회씩 3세트)

덤벨 트라이셉스 익스텐션(10회씩 3세트)

쿨다운 : 스트레칭 5~10분

(중략)

7일차 : 지구력 및 심혈관 훈련

워밍업: 5~10분의 가벼운 유산소 운동(러닝머신 또는 실내 자전거)

주요 운동 :

러닝머신 또는 실내 자전거에서 30-45분 연속 정상 상태 유산소 운동(가장 좋아

하는 것을 선택)

쿨다운 : 스트레칭 5~10분

체력 수준과 진행 상황에 따라 무게와 반복 횟수를 조정하십시오. 또한 건강하고 균형 잡힌 식단으로 몸에 연료를 공급하고 운동하는 동안 수분을 유지하는 것을 잊지 마십시오.

이렇게 운동계획뿐만 아니라 챗GPT는 운동범위를 개선하고 근육의 긴장을 줄이기 위해 스트레칭과 유연성 운동을 여러분에게 제안할 수도 있습니다. 다음과 같이 말이죠.

[개선해야 할 부분]을 개선하고 싶은데 뭐부터 해야할지 모르겠어. [목표 달성]에 도움이 되는 [개선방법]을 추천해 줄래?

[전체적인 유연성]을 개선하고 싶은데 뭐부터 해야할지 모르겠어. [운동 범위를 늘리고 근육의 긴장을 줄이는 데] 도움이 되는 [스트레칭]을 추천해 줄래?

물론입니다. 전체적인 유연성을 개선하고 근육의 긴장을 줄이는 데 도움이 되는 몇 가지 스트레칭이 있습니다.

1. 햄스트링 스트레칭 : 바닥에 앉아 다리를 앞으로 쭉 뻗습니다. 무릎을 곧게 펴고 앞으로 손을 뻗어 발끝으로 최대한 뻗어 봅니다.
2. 대퇴사두근 스트레칭 : 한쪽 다리로 서서 다른 쪽 다리의 발목을 잡습니다. 뒤 꿈치를 엉덩이 쪽으로 당겨 허벅지 앞쪽을 늘립니다.

3. 고관절 스트레칭 : 한쪽 무릎을 꿇고 다른 쪽 발을 앞으로 내밉니다. 앞으로 몸을 기울여 엉덩이와 허벅지 앞쪽을 스트레칭합니다.

4. 가슴 스트레칭 : 발을 어깨 너비로 벌리고 서서 손가락을 등 뒤로 깍지 끼고 팔을 들어 가슴을 펴십시오.

5. 어깨 스트레칭 : 오른팔을 가슴 위로 가져와 왼손으로 잡습니다. 오른쪽 팔을 왼쪽 어깨 쪽으로 부드럽게 당겨 어깨 뒤쪽을 늘립니다.

스트레칭하기 전에 워밍업을 하고 각 스트레칭을 최소 30초 동안 유지하면서 점진적으로 스트레칭하는 것을 잊지 마십시오. 과도하게 스트레칭하면 부상을 입을 수 있으므로 자신의 몸에 집중하고 너무 무리하지 않는 것이 중요합니다.

식단 관리

운동계획이 세워졌다면 식단 또한 빠질 수 없죠. 챗GPT는 균형 있고 영양가가 높으며 개인의 필요에 맞게 조정된 식사 계획도 세울 수 있게 도와줍니다.

> 나는 [지향하는 목표]노력하고 있지만, 어디서 부터 시작해야 할지 모르겠어. [원하는 플랜/방법]을 짜줘.

나는 [더 건강한 음식을 먹으려고] 노력하고 있지만, 어디서부터 시작해야 할지 모르겠어. [단백질이 많고 지방이 적고 비타민과 미네랄이 풍부한 아침, 점심, 저녁 식사 식단]을 짜줘.

🤖 다음은 단백질 함량이 높고 지방 함량이 낮으며 비타민과 미네랄이 풍부한 건강한 식사 옵션입니다.

아침

그릭 요거트 (프로테인이 풍부) - 1/2컵

견과류와 과일로 만든 시리얼 - 1/2컵

딸기, 파인애플, 키위 (비타민 C 풍부) - 1/2컵

아몬드 우유 (뼈 건강에 좋은 칼슘과 비타민 D) - 1컵

점심

그릴에 구운 연어 (오메가-3 지방산과 단백질이 풍부) - 4온스

샐러리, 시금치, 토마토, 당근으로 만든 샐러드 (비타민 A, C, K 풍부)

아보카도 (건강한 지방) - 1/4개

퀴노아 (단백질과 미네랄이 풍부한 곡물) - 1/2컵

레몬 주스와 올리브 오일로 만든 드레싱

저녁

닭 가슴살 (저지방 단백질) - 4온스

감자와 콩, 브로콜리, 당근 등의 야채를 넣어 만든 오븐 구이 야채

현미 밥 (통곡물, 미네랄과 식이 섬유 풍부) - 1/2컵

시금치와 버섯으로 만든 샐러드 (철분과 비타민 D 풍부)

건강한 지방이 들어있는 발사믹 콩 드레싱

이러한 식사를 꾸준히 반복하면 건강에 좋은 영양소를 충분히 섭취할 수 있습니

다. 또한, 다양한 과일, 채소, 전분류, 단백질 및 건강한 지방을 섭취하도록 노력하여 균형 잡힌 식단을 유지하세요.

챗GPT는 채식주의자, 글루텐 프리 또는 저칼로리와 같은 특별한 식단을 제공해주기도 하는데요. 챗GPT에게 건강하고 균형 잡힌 식단에 따르는 방법에 대한 지침을 제공해달라 해보았습니다.

[지향하는 목표]하고 있지만, [중요사항] [구체적인 필요사항]을 추천해줄 수 있어?

[글루텐이 없는 식단을 따르려고 노력]하고 있지만, [중요한 영양소를 놓치지 않고] [섬유질과 단백질이 많은 글루텐이 없는 음식]을 추천해줄 수 있어?

예, 섬유질과 단백질이 풍부한 글루텐 프리 식품은 다음과 같습니다.

1. 퀴노아 : 단백질, 섬유질, 각종 비타민과 미네랄이 풍부한 다용도 곡물입니다.

2. 콩 : 섬유질과 단백질이 모두 풍부하고 철분의 좋은 공급원이기도 합니다.

3. 현미 : 섬유질과 단백질, 비타민과 미네랄의 훌륭한 공급원입니다.

4. 견과류와 씨앗 : 단백질, 건강한 지방, 섬유질이 풍부하고 다양한 중요한 비타민과 미네랄을 제공합니다.

5. 귀리 : 인증된 글루텐 프리 귀리를 구입하면 섬유질과 단백질의 훌륭한 공급원이 될 수 있습니다.

6. 메밀: 단백질, 섬유질, 각종 비타민과 미네랄이 풍부합니다.

7. 야채 : 야채는 섬유질과 단백질의 훌륭한 공급원이며 다양한 중요한 비타민과 미네랄도 제공합니다.

무글루텐 식이요법을 따를 때는 위에 나열된 것과 같이 영양이 풍부한 다양한 식품을 통합하여 신체에 필요한 모든 필수 영양소를 섭취하는 것이 중요합니다.

운동과 식단 병행 방법

챗GPT는 건강한 식습관, 신체 활동, 그리고 체중 감량 또는 증가 목표에 대한 지침을 제공함으로써 여러분의 체중 관리를 도울 수 있습니다.

> 나는 [목표]하고 싶지만, [원하는 방법]으로 어떻게 해야 할지 모르겠네. [구체적인 방법]을 제시해 줄 수 있어?

나는 [살을 빼고] 싶지만, [건강한 방법]으로 어떻게 해야 할지 모르겠네. [식이요법과 운동을 병행하는 방안]을 제시해 줄 수 있어?

물론입니다. 건강한 방법으로 체중을 줄이는 것은 식이요법과 운동의 조합을 포함합니다. 시작하기 위한 간단한 계획은 다음과 같습니다.

1. 목표 설정 : 체중 감량 여정을 시작하기 전에 현실적이고 달성 가능한 목표를 설정하십시오. 이것은 동기 부여와 집중을 유지하는 데 도움이 될 것입니다.

2. 칼로리 섭취량 모니터링 : 매일 섭취하는 칼로리 수를 추적하십시오. 앱이나

식단 일지를 적어 칼로리 섭취량을 추적하세요.

3. 균형 잡힌 식사를 하세요 : 과일, 채소, 기름기 없는 단백질, 복합 탄수화물과 같은 가공되지 않은 전체 식품을 섭취하는 데 집중하세요. 단 음식과 고지방 음식을 피하십시오.

4. 물을 많이 드세요 : 매일 8-10잔의 물을 마시는 것을 목표로 하세요. 이렇게 하면 수분을 유지하고 식욕을 줄이는 데 도움이 됩니다.

5. 규칙적인 운동 : 대부분의 요일에 빠르게 걷기, 자전거 타기 또는 수영과 같은 적당한 강도의 운동을 30분 이상 하는 것을 목표로 하십시오. 진행하면서 운동 시간과 강도를 점차적으로 늘리십시오.

6. 충분한 수면을 취하십시오 : 매일 밤 7-8시간의 수면을 목표로 하십시오. 수면 부족은 신진대사와 호르몬 수치에 영향을 미치기 때문에 체중 증가로 이어질 수 있습니다.

체중 감량은 점진적인 과정이며 인내심을 갖고 노력에 일관성을 유지하는 것이 중요하다는 것을 기억하십시오. 가족과 친구의 도움을 구하고 영양사 또는 개인 트레이너와 협력하여 도움을 받으십시오.

마음 챙김

현대사회에 우리가 몸만큼이나 중요하고 우선으로 생각하는게 마음입니다. 최근에 세계적인 기업 애플에서도 '마음챙김'이라는 명상 앱을 공개해서 주목을 받고 있을 정도니까요. 그렇다면 우리는 최신 기술인 챗GPT를 이용해서 어떻게 마음을 챙길 수 있을까요?

명상

— ◇ —

챗GPT는 스트레스를 줄이고 집중력을 향상시키는 데 도움이 되는 명상 기법에 대한 지침과 프롬프트를 제공할 수 있습니다.

문제점 제시 + 수면준비에 도움이 되는 방법 알려줘.

🧑 생각이 너무 많아서 잠을 잘 수가 없어요. 자기 전에 마음을 편안하게 할 수 있는 명상 기법을 제안해 줄 수 있어?

🤖 예, 마음을 진정시키고 수면을 준비하는 데 도움이 되는 몇 가지 명상 기법이 있습니다. 시도해 볼 수 있는 몇 가지 방법은 다음과 같습니다.

1. 마음 챙김 명상 : 이 기법은 현재 순간에 주의를 집중하는 것입니다. 앉거나 누울 수 있는 조용한 장소를 찾아 호흡에 집중하십시오. 공기가 몸 안팎으로 움직이는 느낌을 알아차리고 마음이 방황하면 부드럽게 호흡으로 되돌립니다.

2. 점진적 근육 이완 : 이 기술은 발가락에서 시작하여 머리까지 작업하면서 신체의 각 근육 그룹을 긴장시키고 이완시키는 것을 포함합니다. 각 근육군을 긴장시킬 때 몇 초 동안 긴장을 유지했다가 풀어줍니다. 이것은 신체적 긴장을 풀고 휴식을 촉진하는 데 도움이 될 수 있습니다.

3. 가이드 명상 : 이 기법은 일련의 이완 운동을 안내하는 녹음된 명상을 듣는 것과 관련이 있습니다. 온라인 또는 명상 앱을 통해 많은 가이드 명상을 찾을 수 있습니다.

4. 바디 스캔 명상 : 이 기법은 발가락에서 머리 꼭대기까지 신체의 각 부분에 주의를 집중하는 것입니다. 각 영역에 집중할 때 판단하거나 변경하려고 하지 않고 느끼는 모든 감각을 알아차리십시오.

이러한 기술의 목표는 마음을 고요하게 만드는 것이 아니라 자신의 생각과 감정을 더 잘 인식하고 차분하고 이완된 느낌을 기르도록 돕는 것임을 기억하십시오. 자신의 생각과 감정을 바꾸려고 하지 않고 단순히 관찰할 수 있도록 허용하면 시간이 지남에 따라 자기 전에 마음이 자연스럽게 고요해지기 시작하는 것을 알 수 있습니다.

챗GPT는 여러분이 긴장을 풀고 스트레스를 줄이도록 돕기 위한 명상 기법을 여러분에게 안내해줄 수 있습니다.

창의력 증진

— ◇ —

챗GPT는 브레인스토밍, 마인드 맵핑 또는 측면 사고와 같은 창의성을 높이고 새로운 아이디어를 창출하는 기술도 제공할 수 있습니다.

> 문제사항 제시 + [개선 목표]할 수 있는 [n가지 방법]을 제안해 줄 수 있어?

🧑 나는 늘 틀에 박혀 있고 새롭고 혁신적인 아이디어를 생각해내기 위해 고군분투하고 있어. [나의 창의적인 사고를 향상]시킬 수 있는 [몇 가지 방법]을 제안해 줄 수 있어?

🤖 예, 창의적 사고를 향상시키는 방법에는 여러 가지가 있습니다. 시도할 수 있는 몇 가지 전략은 다음과 같습니다.

1. 브레인스토밍 : 짧은 시간 안에 판단이나 평가 없이 최대한 많은 아이디어를 내는 기술입니다. 이것은 당신이 평소 생각하는 패턴을 넘어 생각하고 새롭고

창의적인 아이디어를 내는 데 도움이 될 수 있습니다.

2. 마인드 매핑 : 여기에는 가지와 하위 가지를 사용하여 아이디어의 시각적 다이어그램을 만드는 것이 포함됩니다. 생각을 정리하고 아이디어 사이의 연결 및 관계를 식별하여 새로운 통찰력과 혁신적인 솔루션으로 이끄는 데 도움이 될 수 있습니다.

3. 휴식하기 : 때때로 문제나 작업에서 한 발짝 물러나면 신선한 시각과 새로운 관점으로 접근하는 데 도움이 될 수 있습니다. 산책, 명상 또는 다른 활동에 참여하여 마음을 비우고 생각을 새롭게 하십시오.

4. 질문하기 : 개방형 질문을 하면 가정에 도전하고, 새로운 정보를 발견하고, 참신한 아이디어를 생성하는 데 도움이 될 수 있습니다. 생각을 자극하기 위해 "만약" 또는 "왜"라는 질문을 하는 것을 두려워하지 마십시오.

5. 실험 : 새로운 것을 시도하고, 위험을 감수하고, 다양한 접근 방식을 실험하면 안전지대에서 벗어나 새롭고 창의적인 아이디어를 생성하는 데 도움이 될 수 있습니다.

6. 창의력으로 자신을 둘러싸세요 : 창의력을 고취시키는 사람, 예술 및 환경으로 자신을 둘러싸면 자신의 창의적 사고를 자극하는 데 도움이 될 수 있습니다. 미술 전시회에 참석하거나, 창의적인 글쓰기 그룹에 가입하거나, 프로젝트에서 다른 사람들과 협력하여 자신의 상상력을 촉발하십시오.

창의성은 시간이 지남에 따라 개발되고 연마될 수 있는 기술임을 기억하십시오. 연습과 끈기를 통해 창의적 사고를 향상하고 혁신적인 아이디어를 생각해 낼 수 있습니다.

기억력, 집중력 향상

— ◇ —

챗GPT는 기억력과 집중력을 향상시키기 위한 전략도 제공할 수 있습니다.

> 개별 문제점 제시 + 기억력과 집중력을 높일 수 있는 방법 제안해줘.

나는 중요한 정보를 기억하거나 한 가지일에 집중하는 것이 어려워. [기억력과 집중력을 높일 수 있는 방법]을 제안해줘.

물론 기억력과 집중력을 향상시키기 위해 할 수 있는 일이 몇 가지 있습니다. 다음은 몇 가지 팁입니다.

1. 충분한 수면을 취하십시오 : 수면 부족은 집중력과 기억력에 영향을 미칠 수 있습니다. 매일 밤 7-9시간의 수면을 목표로 하십시오.

2. 수분 유지 : 탈수는 집중력에도 영향을 미칠 수 있습니다. 하루 종일 물을 충분히 마신다.

(중략)

10. 반복 사용 : 자신에게 정보를 반복하거나 여러 번 적어두면 정보를 더 잘 기억하는 데 도움이 될 수 있습니다.

모든 사람의 두뇌는 다르게 작동하므로 일부 기술은 다른 기술보다 더 잘 작동할 수 있습니다. 자신에게 가장 잘 맞는 것을 찾아 습관화하는 것이 중요합니다.

스트레스 관리

— ◇ —

챗GPT는 스트레스를 관리하기 위한 조언과 전략을 제공할 수 있습니다.

> 개별 문제점 제시 + 스트레스 관리법 알려줘.

🧑 나는 정말 스트레스를 받고 있고 어떻게 대처해야 할지 모르겠어. 스트레스 관리법 알려줘.

🤖 다음은 스트레스를 관리하기 위해 시도할 수 있는 몇 가지 전략입니다.

심호흡 운동 : 천천히 심호흡을 하고 호흡에 집중하십시오. 넷을 세면서 코로 숨을 들이쉬고, 넷을 세면서 숨을 참은 다음, 넷을 세면서 입으로 숨을 내쉽니다. 이것을 여러 번 반복하십시오.

(중략)

자기 관리 연습 : 독서, 목욕 또는 음악 감상과 같이 좋아하는 일을 하여 자신을 돌보십시오. 필요할 때 휴식을 취하는 것을 잊지 마십시오.

한 사람에게 효과가 있는 것이 다른 사람에게는 효과가 없을 수 있으므로 자신에게 가장 적합한 방법을 찾기 위해 다양한 전략을 시도하는 것을 두려워하지 마십시오.

휴식 기술

— ◇ —

챗GPT는 스트레스를 줄이는 데 도움이 되는 휴식 기술에 대한 지침을 제공할 수 있습니다.

> 개별 문제점 제시 + 휴식 기술 제안해줘.

저는 정말 불안하고 긴장됩니다. 제가 진정시킬 수 있는 휴식 기술을 제안해줘.

예, 불안과 긴장을 진정시키는 데 도움이 되는 몇 가지 이완 기법이 있습니다. 다음은 몇 가지 제안 사항입니다.

1. 심호흡 : 코로 천천히 숨을 들이쉬고 몇 초 동안 숨을 참았다가 입으로 천천히 내쉽니다. 호흡에 집중하고 몸의 긴장을 풀려고 몇 분 동안 이것을 반복하십시오.

2. 점진적 근육 이완법 : 발에서 시작하여 머리까지 몸의 각 근육 그룹을 긴장시켰다가 풀어줍니다. 이것은 신체적 긴장을 풀고 휴식을 촉진하는 데 도움이 될 수 있습니다.

3. 마음챙김 명상 : 조용히 앉아서 호흡에 집중하거나 "평화" 또는 "휴식"과 같은 차분한 문구에 집중하십시오. 마음이 방황할 때 부드럽게 주의를 호흡이나 문구로 되돌립니다.

4. 요가 : 부드러운 요가 자세와 스트레칭을 하면 몸의 긴장을 풀고 휴식을 촉진하는 데 도움이 됩니다.

5. 시각화 : 해변이나 숲과 같이 평화롭고 편안한 장소에 있는 자신을 상상해 보십시오. 이 장소의 광경, 소리 및 감각에 집중하고 경험에 완전히 몰입하십시오.

6. 사람마다 효과가 다른 기술이 있으므로 자신에게 가장 적합한 방법을 찾기 위해 실험을 해야 할 수도 있습니다. 장기적으로 스트레스와 불안을 관리하는 데 도움이 되도록 불안감을 느낄 때만이 아니라 정기적으로 이완 기술을 연습하는 것도 중요합니다.

여행

예기치 못한 코로나19 사태 이후로 2년 동안 해외여행길이 막혔었습니다. 하지만 2022년 말부터 각국이 입국 규제를 완화하자 드디어 여행 빗장이 열렸죠. 챗GPT를 통해 해외여행 일정을 짜보려던 중 문득 궁금해졌습니다. 챗GPT로 한국여행 계획도 짤 수 있을까요? 만약 계획한다면 숙소,맛집 정보부터 지역의 디테일한 부분까지 알 수 있을까요? 챗GPT에게 한 번 물어보겠습니다.

[여행 예상 월 또는 계절]에 [n일] 동안 [여행 지역]

5월에 3일 동안 부산 여행할건데, 추천 일정 짜줘.

물론입니다. 5월 중 부산에서 평일 3일 동안 추천하는 일정은 다음과 같습니다.

1일 차

• 오전 9시 : 예술 벽화와 기발한 카페가 있는 다채로운 언덕 동네인 감천문화
마을을 방문하여 하루를 시작하세요.

• 12:00pm : 근처 카페나 노점상에서 간단한 점심을 먹고 바다와 등대가 한눈
에 들어오는 아름다운 절벽 공원인 태종대로 향합니다.

• 3:00pm : 바다가 내려다보이는 바위 절벽에 위치한 아름다운 불교 사원인
해동 용궁사를 방문하세요.

• 6:00pm : 부산에서 가장 유명한 해수욕장 중 하나인 해운대 해수욕장을 탐
험하며 하루를 마무리하고 이 지역의 많은 해산물 레스토랑 중 한 곳에서 저녁
식사를 즐기세요.

2일차

• 오전 9시 : 아름다운 건축물과 평화로운 주변 환경을 자랑하는 대형 불교 사
찰인 범어사에서 하루를 시작하세요.

• 12:00pm : 다양한 음식, 옷, 기념품을 선택할 수 있는 한국 전통 시장인 국제
시장으로 이동합니다.

• 3:00pm : 국내외 작가들의 작품을 감상할 수 있는 현대 미술관인 부산시립
미술관을 방문합니다.

• 6:00pm : 쇼핑, 레스토랑, 나이트라이프로 유명한 트렌디한 서면 지역을 둘
러보며 하루를 마무리하세요.

3일차

- 오전 9시 : 도시와 주변 자연의 멋진 전망을 제공하는 금정산 정상까지 하이킹으로 하루를 시작하세요.
- 12:00pm : 산행 후 다양한 종류의 신선한 해산물을 구경하고 현지 별미를 맛볼 수 있는 대형 수산물 시장인 자갈치 시장으로 이동합니다.
- 3:00pm : 거대한 LED 지붕과 국내외 영화를 상영하는 여러 극장이 있는 독특한 건물인 영화의 전당을 방문하세요.
- 6:00pm : 아름다운 광안리 해변을 따라 산책하고 근처 카페나 레스토랑에서 음료나 스낵을 즐기며 활기찬 분위기를 즐기며 하루를 마무리하세요.

이 일정이 5월 부산 여행 계획에 도움이 되었으면 좋겠습니다!

똑똑한 챗GPT, 시간까지 넣어 일정을 짜줬네요. 과연 숙소 정보도 알려줄까요?

> [특정 여행지]에서 [이동 수단]으로 갈 수 있는 [n성급 호텔] 추천 좀 해줄래?

부산 광안리 해수욕장에서 도보로 갈 수 있는 4성급 호텔 추천 좀 해줄래?

물론입니다. 광안리 해수욕장에서 도보 거리에 있는 부산의 4성급 호텔은 다음과 같습니다.

1. 해운대 그랜드 호텔 : 광안리 해수욕장에서 도보로 약 10~15분 거리에 위치한 이 호텔은 현대적인 시설을 갖춘 편안한 객실, 여러 레스토랑, 바다 전망의 옥상 수영장을 제공합니다.

2. 노보텔 앰배서더 부산 : 이 호텔은 광안리 해수욕장에서 불과 몇 걸음 떨어져 있으며 바다 전망의 세련된 객실, 실내 수영장, 다양한 식사 옵션 및 피트니스 센터를 제공합니다.

3. 선셋 비즈니스 호텔 : 광안리 해수욕장에서 도보 5분 거리에 위치한 호텔로 바다가 보이는 깨끗하고 편안한 객실과 옥상 테라스, 한식과 양식을 제공하는 레스토랑이 있습니다.

4. 베스트 웨스턴 해운대 호텔 : 광안리 해수욕장에서 도보로 약 15분 거리에 위치한 이 호텔은 바다가 보이는 넓은 객실, 옥상 테라스, 피트니스 센터, 세계 각국의 요리를 제공하는 레스토랑을 제공합니다.

5. 광안리 유토피아 호텔(Gwangalli Utopia Hotel) : 광안리 해수욕장에서 도보로 불과 2분 거리에 위치한 이 호텔은 바다 전망의 아늑한 객실과 옥상 테라스, 한식을 제공하는 레스토랑을 제공합니다.

부산 광안리 해수욕장 근처에 적합한 4성급 호텔을 찾는 데 도움이 되기를 바랍니다.

여행계획을 세우는데 있어서 빠질 수 없는것이 현지맛집인데요. 챗GPT는 과연 맛집도 알려줄까요?

> [구체적인 장소]에서 [음식의 종류] 맛집은 어디야?

🧑 [부산]에서 [해산물] 맛집은 어디야?

부산에서 식사하기 좋은 곳을 찾고 있어. 고객들에게 최고 등급이어야 해.

🟢 부산은 싱싱한 해산물로 유명하며 시내에는 해산물 요리를 전문으로 하는 식당이 많이 있습니다. 다음은 해산물을 제공하고 고객들로부터 높은 평가를 받은 부산 최고의 레스토랑입니다.

1. 자갈치 시장 : 한국에서 가장 큰 수산물 시장 중 하나이며 시장 내 많은 레스토랑 중 한 곳에서 즉석에서 준비할 수 있는 다양한 종류의 신선한 해산물이 있습니다.

2. 대양갈비 : 해물구이 전문점으로 싱싱한 문어와 전복요리로 유명하다.

3. 신선대 막국수 : 오징어, 새우 등 싱싱한 해물을 얹은 한국식 메밀 국수인 막국수를 제공하는 식당이다.

4. 깡통시장 : 이 시장에는 생선구이, 해물탕, 회 등 신선한 해산물 요리를 맛볼 수 있는 해산물 식당이 즐비하다.

5. 남포동 BIFF광장 : 고등어구이, 해물전, 오징어볶음 등 다양한 해산물 맛집이 밀집한 지역.

6. 신정횟집 : 참치, 문어, 전복 등 다양한 해산물을 고를 수 있는 싱싱한 회가 유명한 식당이다.

7. 통영중앙시장 : 부산에서 약 1시간 거리에 위치한 시장으로 해산물로 유명하다. 회, 해물찜, 생선구이 등을 파는 식당이 많다.

이 목록이 부산 여행 중에 시도할 맛있는 해산물 레스토랑을 찾는 데 도움이 되기를 바랍니다.

이처럼 챗GPT는 여행 계획을 쉽고, 빠르게 준비하여 여러분의 시간을 절약할 수 있는 훌륭한 여행 가이드가 될 수 있습니다. 이밖에도 짐싸는 요령, 안전하게 여행할 수 있는 팁, 예산 계획, 그 지역 문화적 팁 등도 알 수 있으니 여러 방면으로 활용해보면 좋을 것 같습니다. 단, 챗GPT는 2021년까지의 데이터만 제공하므로 최신 정보가 반영되지 않을 수 있다는 점을 참고해야 합니다. 예를 들어, 특정 목적지까지 가장 저렴한 항공편, 가장 저렴한 호텔, 특정 국가의 현재 환율, 코로나19정책 특정 국가 등과 같은 정보는 적합하지 않다는 것이죠.

요리

[요리] 재료 알려줘.

김치찌개 재료 알려줘.

김치찌개는 한국에서 가장 많이 먹는 김치 요리 중 하나입니다. 다음은 김치찌개를 만드는 데 필요한 재료입니다.

- 청정한 물 또는 육수 4컵

- 김치 2컵

- 돼지고기(목살, 뒷다리살 등) 100g (선택 사항)

- 두부 1/4모

- 대파 1대

- 양파 1개

- 청양고추 1개 (선택 사항)

- 고춧가루 1큰술

- 다진마늘 1큰술

- 간장 1큰술

- 참기름 1큰술

- 소금 약간

이 김치찌개 사진은 미드저니를 통해 직접 만든 것입니다.

참고로, 김치찌개는 개인의 취향에 따라 다양한 재료를 추가할 수 있습니다. 예를 들어, 멸치, 새우, 미역, 숙주나물, 버섯 등을 활용하면 좀 더 다양한 맛을 느낄 수 있습니다. 또한, 참기름 대신 들기름이나 올리브유를 사용해도 괜찮습니다.

챗GPT는 재료뿐만 아니라 요리 레시피도 알려줍니다.

🙍 떡국 레시피 좀 알려줘.

🟦 떡국은 한국의 전통적인 음식 중 하나로, 새해를 맞이하는 설날에 가정 내에서 먹는 음식입니다. 다음은 간단한 떡국 레시피입니다.

필요한 재료

- 떡국 떡 1팩

- 쇠고기(불고기용 또는 차돌박이) 200g

- 다시마 1줄

- 대파 1대

- 물 8컵

- 소금 약간

- 깨소금 약간

- 고춧가루(선택 사항)

- 부추(선택 사항)

- 계란 1개(선택 사항)

이 떡국 사진은 미드저니를 통해 직접 만든 것입니다.

1. 쇠고기는 얇게 썰어 불고기용 양념으로 조리하거나, 차돌박이는 물에 살짝 데친 후 얇게 썰어 준비합니다.

2. 다시마는 물에 씻은 후 5cm 길이로 잘라 냅니다.

3. 대파는 뿌리 부분과 녹색 부분을 각각 썰어 준비합니다.

4. 냄비에 물 8컵을 넣고 다시마를 넣어 끓입니다.

5. 끓기 시작하면 쇠고기를 넣고 뚜껑을 덮고 20분간 끓입니다.

6. 쇠고기가 다 익으면 다시마와 떡국 떡을 넣어서 끓입니다. 떡국 떡은 끓는 물에 넣으면 떡이 부푼 상태로 바로 떠오르지 않고 2~3분 정도 지나야 부풀어 올라오기 때문에 그만큼 시간이 걸립니다.

7. 대파와 소금을 넣고 한 번 더 끓입니다.

8. 그릇에 담고 깨소금과 고춧가루를 뿌려서 마무리합니다. 부추나 계란을 넣어도 맛있습니다.

즐거운 요리 되세요!

이처럼 챗GPT를 이용하여 보편적인 음식뿐만 아니라 특정 재료를 활용한 요리 또한 할 수 있습니다.

특정 재료 활용 요리

—◇—

[특정 재료]로 요리하는 쉽고 창의적인 방법 알려줘.

 감자로 요리하는 쉽고 창의적인 방법 알려줘.

감자는 한식을 비롯한 많은 요리에 사용할 수 있는 다재다능한 재료입니다. 다음은 감자로 한국식으로 요리하는 쉽고 창의적인 방법입니다.

• 감자조림(감자조림) : 감자를 한입 크기로 썰어 부드러워질 때까지 끓인다. 감자의 물기를 빼고 따로 보관하십시오. 팬에 마늘과 양파를 향이 날 때까지 볶는다. 그런 다음 간장, 물, 설탕, 감자를 넣습니다. 소스가 걸쭉해지고 감자가 완전히 코팅될 때까지 끓입니다.

• 감자볶음 : 감자를 성냥개비 모양으로 얇게 썬다. 팬에 기름을 약간 두르고 감자를 넣습니다. 바삭하고 황금빛 갈색이 될 때까지 요리하십시오. 그런 다음 마늘, 양파, 칠리 파우더를 추가합니다. 서빙하기 전에 1분 정도 더 볶습니다.

• 알감자탕(감자탕) : 감자를 먹기 좋은 크기로 잘라 냄비에 물을 넣고 부드러워질 때까지 끓인다. 감자의 물기를 빼고 따로 보관하십시오. 다른 냄비에 마늘, 양

파, 소고기를 넣고 소고기가 완전히 익을 때까지 볶는다. 감자, 물, 간장, 파를 넣습니다. 수프가 완전히 가열될 때까지 끓입니다.

• 전(감자전) : 감자를 갈아서 물기를 꼭 짜준다. 강판에 간 감자에 밀가루, 소금, 계란을 섞어 반죽을 만듭니다. 팬에 기름을 두르고 반죽을 숟가락으로 떠서 주걱으로 납작하게 만듭니다. 양면이 바삭하고 황금빛 갈색이 될 때까지 요리합니다.

• 고구마 맛탕(고구마 맛탕) : 일반 감자가 아닌 한식의 대표 재료인 고구마로 만든 맛탕입니다. 고구마는 먹기 좋은 크기로 잘라 바삭해질 때까지 튀겨주세요. 냄비에 흑설탕, 간장, 물을 시럽이 될 때까지 섞는다. 고구마를 넣고 완전히 코팅될 때까지 저어줍니다.

이것은 한국식으로 감자로 요리하는 방법의 몇 가지 예일 뿐입니다. 시도해 볼 수 있는 맛있는 한국 감자 요리가 많이 있습니다!

시간/돈을 절약하는 요리 계획

[기간]의 식사 준비시 시간과 돈을 절약할 수 있는 방법 알려줘.

일주일간의 식사 준비시 시간과 돈을 절약할 수 있는 방법 알려줘.

식사 준비는 일주일 내내 건강하고 맛있는 식사를 보장하면서 시간과 비용을 절약할 수 있는 좋은 방법입니다. 다음은 앞으로 일주일 동안 식사를 준비하는 방법에 대한 몇 가지 팁입니다.

1. 식사 계획하기 : 일주일 동안의 식사 계획부터 시작하십시오. 이렇게 하면 장보기 목록을 작성하고 필요한 모든 재료가 있는지 확인하는 데 도움이 됩니다.

(중략)

7. 현명한 쇼핑 : 지역 식료품점에서 판매 및 할인을 찾아보고 가능할 때마다 대량 구매하십시오. 이것은 장기적으로 돈을 절약하는 데 도움이 될 것입니다.

다음 요령을 따르면 건강하고 맛있는 식사를 즐기면서 앞으로 한 주 동안 식사를 준비하고 시간과 비용을 절약할 수 있습니다.

재정관리(은퇴 후 계획)

챗GPT로 돈관리를 한다? '무슨 말이야'라고 하시는 분들 계시죠? 간단하게 챗GPT로 할 수 있는 재정관리 두 가지 정도를 알아보고 가겠습니다.

비상자금 마련

2023년 3월 10일 데일리팝 기사에 따르면 청년 22.6%가 1인가구로, 연평균 연봉은 2,162만 원, 평균 생활비는 161만 원이라고 합니다. 치솟는 물가에 내 월급만 안 오르는 현실 속에서 생각지 못한 당황스럽고 갑작스런 지출은 언제 생길지 모릅니다. 이때 필요한 비상자금 마련을 위한 저축방법을 알아보려고 합니다. 챗GPT에게 어떤 프롬프트를 써서 물어보면 좋을까요?

비상자금을 마련하기 위한 계획을 세워보자. [원하는 화폐단위]로 설명해 줘. + 고정 수입 또는 지출에 대한 정보 제공

비상시를 대비한 저축이 없어.비상자금을 마련하기 위한 계획을 세워보자. 달러가 아니라 원으로 설명해줘. 참고로 내 월급은 200만원이고 지출은 식비 48만원, 주거비 30만원, 보험료 13만원, 교통비 12만원, 통신비 10만원 이야 .

긴급 상황을 위한 저축이 없다고 하셨습니다. 긴급 기금을 구축하는 계획을 도와드릴까요?

긴급 기금을 구축하기 위해서는 매달 월급에서 일정 금액을 저축해야 합니다. 이를 위해서는 월 지출을 파악하고 줄일 수 있는 항목을 찾아볼 필요가 있습니다.

우선, 월 지출은 음식비 48만원 + 주거비 30만원 + 보험료 13만원 + 교통비 12만원 + 통신비 10만원 = 총 113만원입니다. 이에 대한 20% 정도인 약 22만6천원을 긴급 기금으로 저축하는 것이 좋습니다. 이를 월급에서 제외하면 매달 약 177만4천원이 남습니다.

만약 이 금액이 생활비로 충분하지 않다면, 월 지출을 줄일 수 있는 방법을 찾아보세요. 예를 들어, 음식비를 줄이기 위해 가정에서 식사를 해결하거나, 교통비를 줄이기 위해 자전거나 대중교통을 이용하거나, 주거비를 줄이기 위해 작은 방을 빌리는 등의 방법을 고려해볼 수 있습니다.

긴급 기금은 예기치 못한 상황에서 돈이 필요할 때 사용할 수 있습니다. 따라서 매달 꾸준히 저축하는 것이 중요합니다. 이를 위해 월급에서 일정 금액을 저축하는 것이 좋으며, 생활비를 줄이는 방법을 찾아서 긴급 기금을 구축하는 노력을 해보세요.

은퇴 자금 계획

— ◇ —

챗GPT는 은퇴 계좌에 대한 저축 전략 및 옵션을 포함한, 은퇴 계획에 대한 정보와 지침을 제공할 수 있습니다.

> 개별 상황 설명 + 재정적으로 미래 계획이 필요해. + 고정 수입/지출에 대한 정보 제공

🧑 나는 30살이고 은퇴에 대해 생각하기 시작했어. 미래를 계획하기 위해 지금 취할 수 있는 조치는 뭐가 있을까?

참고로 나는 결혼은 안할 계획이고 지금 월급은 300만원,고정지출 180만원이야.내 계획은 50살에 은퇴 후 취미생활 하며 남은 생을 보내고 싶어.달러 말고 원으로 계산해줘.

🤖 미래를 위한 계획을 시작하기 위해서는 먼저 목표를 설정해야 합니다. 저희는 50살에 은퇴하고 취미 생활을 즐기는 것을 목표로 하였으니, 이를 위한 자금을 모아야 합니다.

첫째, 자금 모으기를 위해 저축을 시작해야 합니다. 현재 월급이 3백만원이고 고정 지출이 180만원이라면 매월 120만원의 저축이 가능합니다. 이를 만 50세까지 계속해서 저축한다면, 이자를 고려하면 약 5억원 정도의 자금이 모일 것으로 예상됩니다.

둘째, 투자를 고려해볼 수도 있습니다. 저축만으로는 불충분한 자금을 모으기 어려울 때, 투자를 통해 수익을 창출할 수 있습니다. 하지만, 투자는 수익과 손실을 동시에 가져올 수 있는 위험한 선택이므로 신중히 고려해야 합니다. 안정적이면서도 수익률이 높은 상품들을 찾아보세요.

셋째, 저축과 투자를 병행하며, 기타 혜택을 찾아볼 수도 있습니다. 예를 들어, 연금 저축, IRP 등을 이용하여 미래를 위한 자금을 모을 수 있습니다.

마지막으로, 50세에 은퇴를 하기 위해서는 건강한 몸을 유지하는 것이 중요합니다. 운동이나 규칙적인 생활습관을 가질 수 있도록 노력해보세요.

미래를 위한 계획은 현재부터 시작됩니다. 목표를 설정하고, 저축과 투자를 통해 자금을 모으며, 건강한 몸을 유지하는 것이 중요합니다. 50세에는 자금과 건강을 모두 유지하여 취미 생활을 즐기세요.

이렇게 자금 계획뿐 아니라 금리계산,금융지식등 전반적인 재무관리에 도움을 받을 수 있습니다. 막연히 저축만 하거나 투자만 하는 것보다 현 재정상황에 맞는 계획을 추천받아 실행에 옮긴다면 훨씬 더 나은 미래를 대비할 수 있겠죠?

내 손 안의 전문가

의료 상담

—◇—

챗GPT는 전문직에도 큰 영향을 미칠 것으로 예상됩니다. 예를 들어, 챗GPT를 이용하여 성별, 나이, 가지고 있는 병, 현재 증상, 증상 발생 시기를 넣으면 적절한 진단명, 원인, 증상, 치료, 예후까지 알 수 있습니다. 예를 들어 보겠습니다.

[나이] [성별] + 증상 설명 + 기저 질환 + 위 환자에게 가장 적절한 진단명과 그 원인, 치료, 예후를 알려줘.

41세 남자가 복통, 구토, 두통 증상을 어제 저녁 식사 후부터 수차례 보였어요. 이 환자는 당뇨병, 고혈압을 가지고 있어요. 위 환자에게 가장 적절한 진단명과 그 원인, 치료, 예후를 알려줘.

이 환자의 증상은 여러 가지 가능성이 있지만, 가장 가능성이 높은 진단은 급성 췌장염일 것입니다. 췌장염은 췌장의 염증으로 인해 발생하는 질환으로, 복통, 구토, 두통 등의 증상을 유발합니다. 이러한 증상은 식사 후 발생하기도 합니다. 이 환자가 당뇨와 고혈압을 가지고 있다면, 췌장염의 가능성은 더욱 높아집니다. 이는 고지방 식사나 알코올 소비, 췌장 질환 등으로 인해 발생할 수 있습니다. 이 환자의 치료는 췌장염의 원인과 증상의 심각성에 따라 달라질 수 있습니다. 일반적으로는 휴식과 수액 치료, 증상 완화를 위한 약물 치료 등을 포함한 보존적 치료가 시작됩니다. 중증도가 높거나 합병증이 발생하는 경우에는 입원 치료와 외과적 치료가 필요할 수 있습니다.

예후는 췌장염의 심각성과 합병증 등에 따라 달라집니다. 췌장염은 심각한 합병증을 유발할 수 있으므로, 조기 발견과 치료가 중요합니다. 적절한 치료를 받으면 대개의 경우 예후는 좋아집니다. 그러나 중증도가 높거나 합병증이 발생한 경우, 예후가 나빠질 수 있습니다. 따라서 췌장염의 증상이 나타나면 즉시 의료진과 상담하고 치료를 받는 것이 중요합니다.

의사의 진단과 치료는 전문적인 지식과 의학적 판단 등이 요구되며, 의료 분야는 매우 민감하고 환자의 생명과 직결되는 부분이기 때문에 아직은 챗GPT가 의사를 대체하는 것은 불가능합니다. 챗GPT로 얻는 이러한 답변은 어디까지나 예상되는 것일 뿐이니 그점을 참고하셔야 합니다.

법률 상담

— ◇ —

챗GPT는 법률 시장에도 많은 변화를 가져올 수 있습니다.

상황 설명 + [법률적인 내용] 조언 해줘 / ~할 수 있을까?

🧑 백화점에서 바닥이 미끄러워 넘어지면서 팔이 부러졌어. 백화점에 손해배상청구 할수 있을까?

💬 백화점에서 발생한 상황으로 인해 부상을 입으셨다니, 정말 유감스럽습니다. 이에 대해 백화점이 책임을 지는지 여부는 다음과 같은 요인에 따라 결정됩니다.

• 백화점의 미끄러운 바닥은 안전기준을 충족하는가?

백화점이 관리하는 바닥이 안전기준을 충족하는지 여부는 사건 당시 바닥의 상태, 물 or 오일 등의 습기 여부, 백화점이 안전을 위해 취한 조치 등 다양한 요소에 따라 다릅니다. 만약, 백화점이 안전을 위한 필요한 조치를 취하지 않았거나, 안전 기준을 충족하지 못하였다면, 백화점이 책임을 질 수 있습니다.

• 부상을 입은 원인이 백화점의 과실인가?

백화점의 미끄러운 바닥으로 인해 부상을 입은 경우, 이로 인한 손해 배상 여부는 백화점이 부주의로 인해 발생한 것인지, 아니면 그 밖의 원인으로 인해 발생한 것인지를 판단해야 합니다. 즉, 백화점의 과실로 인해 발생한 것인지 여부를 확인할 필요가 있습니다.

따라서, 백화점에 손해배상소송을 제기하기 위해서는 관련 자료를 수집하고, 이에 대한 증거를 확보하는 것이 중요합니다. 관련된 자료로는, 백화점 CCTV 영상, 부상 당시의 상황과 관련된 증언, 의료기록 등이 있습니다. 이러한 증거들을 바탕으로 변호사나 손해보험 전문가와 상담하고, 적절한 손해배상액을 산정해야 합니다.

법률상담의 경우 위와 같은 사례처럼 "이런 경우 어떤 조치를 취할 수 있을까요?"같이 일정한 상황에 대응가능한 법적수단을 알아보는 것은 얼마든지 AI에서 가능할 것입니다. 그리고 유사판례를 찾거나 법률을 찾아주는 것은 AI가 변호사보다 더 빠르고 정확하게 할 수도 있습니다.

하지만, 위와 같은 찾기 기능 수준만으로 진정한 법률상담이라고 할 수는 없습니다. 이것은 방대한 빅데이터 시스템에서 자료를 찾는 수준에 불과한 것이니까요.

상담자가 원하는 것은 단순히 자료찾기 수준이 아니라, 나에게 딱 맞는 구체적인 설명과 법률로 해결하는 방법일 것입니다. 그러기 위해선 관련법률이 적용가능한지, 유사판례에 해당 사례를 적용할 수 있는지를 판단하고 분석하는 능력이 필요합니다. 따라서, 문제가 발생하였을 때 어떤 방향으로 처리해야할지 챗GPT를 통해 참고한 후 전문 변호사의 상담을 받아야 할 것입니다.

세무 상담

— ◇ —

지난 27일, 세금 신고, 환급 도움 서비스 '삼쩜삼'을 운영하는 AI 스타트업 자비스앤빌런즈는 챗GPT 기반 세금 상담 챗봇인 'AI 점삼이'의 베타버전을 공개했습니다. 아직 서비스 초기 수준으로 고도화된 질문에는 답변을 내놓지 못한다고 합니다. 향후 점삼이를 연말정산이 아닌 전반적인 세금 서비스를 기반으로 한 정식버전으로 내놓을 계획이라고 밝혔는데요. 이젠 세금 질문도 채팅으로 간편하게 할 수 있게 되었습니다.

[국적] 상황 설명 + 절세 방법 알려줘.

🧑 나는 한국사람이야. 자녀에게 집을 양도하고싶어. 위법하지 않는 범위에서 절세 방법 알려줘.

🤖 한국에서 집을 자녀에게 양도하면서 세금 부담을 최소화할 수 있는 몇 가지 방법이 있습니다.

• 선물세 면제금액 활용 : 선물세 법령에 따라 한 해 동안 자녀 한 명에게 1천만 원 이하의 선물을 줄 경우 선물세 면제금액을 적용할 수 있습니다. 따라서 부동산의 가치가 1천만 원 이하인 경우, 부동산을 여러 차례 나누어 자녀에게 양도할 수 있습니다.

• 선물세 면제범위 초과 시 기부세 감면 : 부동산의 가치가 선물세 면제범위를 초과하는 경우, 기부세 감면제도를 활용하여 세금 부담을 최소화할 수 있습니다. 부동산을 자녀에게 기부하면서 기부세 감면의 혜택을 받을 수 있습니다.

• 부동산 증여시 일부 연대보증인 적용 : 부동산을 증여할 때, 자녀와 함께 일부 연대보증인을 추가하는 경우, 증여세의 감면 혜택을 받을 수 있습니다. 연대보증인의 수와 비율 등 세부적인 내용은 지방세 법령에 따라 상이할 수 있으므로, 지방세청이나 세무서와 상담하여 정보를 확인해보시기 바랍니다.

• 주택증여세 감면 활용 : 만일 부동산이 주택인 경우, 주택증여세 감면제도를 활용하여 세금 부담을 최소화할 수 있습니다. 주택증여세 감면제도는 대상자의 주택보유기간 등에 따라 세율 감면이 적용됩니다.

하지만 이러한 방법들도 개인의 상황에 따라 다르므로, 전문적인 자문과 세무 전문가와의 상담이 필요합니다.

전반적으로 세금 정보를 제공하는 것 외에도 AI 언어 모델로서 지식과 교육을 바탕으로 세무 조언을 제공할 수 있습니다. 하지만 이것도 전문적인 세무 조언으로 해석해서는 안됩니다. 개인 재정 상황에 대한 구체적이고 맞춤화된 조언을 받으려면 면허가 있는 세무 전문가와 상담을 하는 것이 좋을 것입니다.

노무 상담

> 문제 상황 설명 + [~할] 방법 알려줘.

🧑 1년간 일한 직장에서 3달치 임금 체불상태야. [못 받은 임금을 받을 수 있는] 방법 알려줘.

🤖 직장에서 3개월치 임금을 체불하는 것은 불법입니다. 이에 대한 대응 방법은 다음과 같습니다.

• 사업주와 협상 : 우선, 먼저 사업주와 대화하여 이 문제를 해결할 수 있는 방법을 찾아볼 수 있습니다. 물론 이 방법은 사업주가 신의성실의 원칙을 준수할 경우에만 가능합니다.

• 노동청에 신고 : 노동청에 신고하여 노동조합이나 노동법률 전문 변호사와 함께 상황을 조사하고, 보상을 요구할 수 있습니다. 대개, 노동청은 체불된 임금을 노동자에게 지급하도록 사업주에게 명령할 수 있습니다.

• 소송 제기 : 체불된 임금에 대한 소송을 제기할 수도 있습니다. 이 경우, 변호사의 도움이 필요합니다. 법원은 사업주에게 체불된 임금의 전액을 지급하도록 명령할 수 있습니다.

• 근로자보호구조제도 : 근로자보호구조제도에 가입한 경우, 체불된 임금을 보

상받을 수 있습니다. 이는 사업주의 재산을 압류하여 근로자에게 지급하는 방법입니다.

따라서, 근로자는 위와 같은 방법을 활용하여 체불된 임금을 받을 수 있습니다. 이 경우, 법적인 문제가 발생할 수 있으므로, 변호사나 노동조합 등 전문가의 지도와 도움을 받는 것이 좋습니다.

[대상]에게 지급명령문 써줘.

 3달치 임금을 지급하지않은 사업주에게 지급명령문 써줘.

(주소)

(날짜)

(사업주 성명)

(사업주 주소)

지급명령문

귀하께서는 근로기준법에 따라 근로자에게 임금을 지급하여야 합니다. 그러나 귀하께서는 (임금 체불 기간) 동안 (근로자 성명) 근로자에게 임금 (임금액)을 체불하였습니다.

이에 대해 근로자는 법적인 대응 조치를 취할 수 있습니다. 따라서, 귀하께서는 즉시 체불된 임금 (임금액)을 지급하여야 합니다.

만약, 귀하께서 이에 대한 대응을 하지 않을 경우, 근로자는 노동조합이나 변호사와 함께 법적인 대응 조치를 취할 수 있습니다.

위와 같은 이유로, 귀하께서는 지체 없이 체불된 임금 (임금액)을 근로자 (근로자 성명)에게 지급해 주시기 바랍니다.

감사합니다.

(근로자 성명)

각종 분야의 전문적인 조언을 받을 수는 있지만, 아직까지 전문가를 대체하기에는 완벽하지 않습니다. 그러나 전문가의 조언이 필요하지만 비용이 걱정되거나 어디 물어볼 곳도 없어 답답하다면 챗GPT로 간단히 궁금증을 해소할 수 있습니다. 하지만, 의료, 법률자문, 세무, 노무상담 등 돈이나 건강이 오고 가는 문제에서는 100% 신뢰하지 말고 챗GPT의 답변을 참고하여 신중한 결정을 내릴 필요가 있습니다. 법적 책임을 질 수 없는 챗GPT에게 자문을 구할 순 있지만 결국 선택과 결정은 내가 하는 것이고 그 결과에 대한 책임 또한 내가 100% 떠안아야 하기 때문입니다.

하지만 챗GPT는 계속해서 학습중이고 여러분이 이 책을 읽고 계신 이 순간에도 데이터를 수집하고 있습니다. 다가올 미래에는 전문가의 역할도 충분히 수행할 것으로 기대가 됩니다.

영어 공부

우리나라 사람들의 새해 목표에 거의 빠지지 않고 들어가는 게 영어공부라고 하죠? 학원을 가자니 시간이 없고, 독학을 하자니 의지가 없는 분들이 계시다면 이번 파트에서 획기적인 영어 학습 방법을 제안해 드리겠습니다. 조용히 혼자 공부하고 싶다, 학원에 갈 돈과 시간을 아껴 집에서 하고 싶다, 다양하고 색다른 방법으로 온라인에서도 공부해보고 싶다 하시는 분들은 주목해 주세요. '아… 난 초보자인데 할 수 있을까?'라고 생각하시는 분도 분명 계실 겁니다. 하지만, 24시간 응대해 주는 엄청 친절한 선생님이 계시니까 너무 걱정 마시고 함께 살펴보시죠.

먼저 챗GPT에게 챗GPT로 어떻게 영어 공부를 할 수 있을까 질문해 봤습니다.

챗GPT를 활용해 영어 [말하기/듣기/쓰기/읽기/어휘] 실력을 향상시킬 수 있는 방법 [n]가지 알려줘.

🧑 챗GPT를 활용해 영어 말하기 실력을 향상시킬 수 있는 방법 세가지 알려줘.

🌀 영어 실력을 향상시키는 세 가지 방법은 다음과 같습니다.

• 규칙적인 대화 연습 : 말하기 실력을 향상시키는 가장 좋은 방법 중 하나는 정기적으로 대화를 연습하는 것입니다. 원하는 주제로 대화를 시작하면 저는 당신을 듣고 적절히 대답할 것입니다. 이렇게 함으로써, 유창한 영어 사용자와 대화를 나누면서 말하기 실력을 향상시킬 수 있습니다.

• 규칙적인 글쓰기 연습 : 쓰기 실력을 향상시키는 가장 좋은 방법 중 하나는 정기적으로 글쓰기 연습을 하는 것입니다. 다양한 주제로 글을 쓰고, 쓴 글을 저와 공유하여 문법, 어휘, 문장 구조, 전체적인 명확성 등에 대한 피드백을 받을 수 있습니다.

• 실수에서 배우기 : 저로부터 피드백을 받을 때마다, 자신이 한 실수를 꼭 배워나가도록 하세요. 자주 하는 실수를 기록하고, 꾸준히 개선하도록 노력하십시오. 특정한 약점을 개선하기 위해 추가적인 학습 자료를 요청해도 됩니다.

그럼 챗GPT의 제안을 토대로 대화연습을 하되 실수를 피드백 받고, 작문 연습을 하되 오류를 고쳐 가며 공부할 수 있는 방법을 소개하겠습니다.

회화 연습

— ◇ —

우리말로 '나랑 영어로 대화하자'라고 입력하셔도 되고, 'Let's have a conversation in English.'라고 하셔도 됩니다. 그럼 챗GPT가 영어 선생님 내지는 원어민 친구 역할이 되는거죠.

두려워 하지 마시고, 해석부터 전개까지 다 챗GPT에게 맡기고 천천히 따라 가세요.

영어 회화 초심자라면 어떤 특정한 주제에 대해 이야기 나누는 것 자체가 어려울 수 있습니다. 그럼 주제를 챗GPT에게 정해달라고 하면 됩니다.

> 챗GPT와 영어 회화하기 적합한 주제를 추천해줘 + [translate this in English].

이와 같이 하고 싶은 말을 한국말로 하시고, 뒤에 'translate this in English'(영어로 번역해줘)를 붙이시면 됩니다. 그럼 영어로 번역해줄

거고, 그 번역문을 그대로 다시 복사, 붙여넣기로 질문해 보세요.

• 취미 및 관심사 : 독서, 스포츠, 요리 또는 음악과 같은 취미 및 관심사에 대해 이야기할 수 있습니다. 챗GPT는 이러한 주제에 대한 권장 사항을 제공하거나 정보를 공유할 수 있습니다.

• 여행 : 여행 경험, 꿈의 목적지에 대해 논의하거나 다음 여행에 대한 추천을 요청할 수 있습니다. 챗GPT는 다양한 국가, 문화 및 명소에 대한 정보를 공유할

수 있습니다.

• 기술 : 최신 기술 동향, 장치 또는 소프트웨어에 대해 이야기할 수 있습니다. 챗GPT는 이러한 주제에 대한 통찰력을 제공하거나 기술적인 질문에 답할 수 있습니다.

• 교육 및 경력 : 교육 목표, 경력 포부에 대해 논의하거나 면접 또는 네트워킹에 대한 조언을 구할 수 있습니다. 챗GPT는 이러한 주제에 대한 지침을 제공하거나 경력 관련 리소스를 공유할 수 있습니다.

• 시사 및 뉴스 : 시사, 뉴스 기사 또는 글로벌 이슈에 대해 토론할 수 있습니다. 챗GPT는 이러한 주제에 대한 통찰력을 제공하거나 관련 기사 및 리소스를 공유할 수 있습니다.

이 제안이 도움이 되었으면 합니다! 다른 질문이 있으면 알려주세요.

챗GPT가 제시해 준 주제 중 대화하고 싶은 주제를 고르셨거나 원하는 주제가 따로 있을 경우 다음과 같이 질문할 수 있습니다.

다음과 같은 식으로 원하는 대화주제를 챗GPT에게 제시할 수 있고, 대화를 시작하시면 됩니다.

① Let's talk about + [주제]
② Let's have a dialogue about + [주제]
③ Let's have a conversation about + [주제]

만약 짧은 대화를 원한다면 '대화하자'라는 프롬프트 뒤에 Make it short and simple을 덧붙여 보세요.

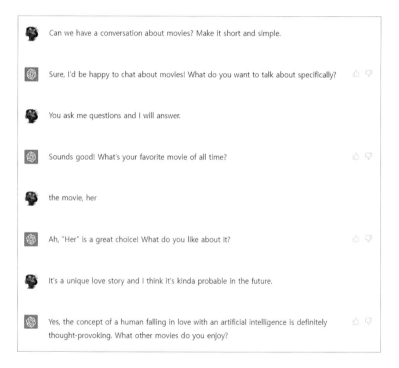

위 대화처럼 짧게 주고받아도 영어 회화의 '감'을 키울 수 있습니다. 물론 문장력을 기르기 위해서는 drilling(패턴 반복학습)이 필요합니다. 내가 말한 문장이 맞는 문장인지 교정을 받을 수도 있습니다.

필자의 직업은 영어 강사입니다. 따라서 개인적으로 선호하는 영어 교육 방법론 측면에서 대화 중 문법적 교정보다 '맥락'을 이해하며 대화를 나누고, 대화가 종료된 후의 교정이 더 가치있다고 생각하는데요. (대화 중 문법적 교정은 오히려 대화의 방향성을 잃게 만들거나 문법에 집착하여 다음 문장의 발화를 어렵게 만듭니다.) 따라서 대화를 다 끝낸 후 "Review my answers above, check grammatical error and give me the reason why it's wrong."(위의 내 대답을 한 번 훑어보고, 문법적 오류를 확인해보고 틀린 이유를 줘")를 입력하면 위 대화 내용 중 문법 사항을 체크해 줍니다. 아래의 대화문을 보시죠.

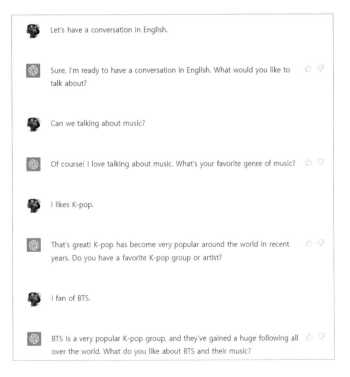

Review my answers above, check grammatical error and give me the reason why it's wrong.

 Sure, I can review your previous answers for any grammatical errors and provide feedback on how to improve them.

1. "Let's have a conversation in English." - This sentence is grammatically correct.
2. "Can we talking about music?" - This sentence has a grammatical error. The correct sentence is "Can we talk about music?" The verb "talking" should be changed to the base form of the verb "talk" to make it grammatically correct.
3. "I likes K-pop." - This sentence also has a grammatical error. The correct sentence is "I like K-pop." The verb "likes" should be changed to the base form of the verb "like" because the subject "I" is singular.
4. "I fan of BTS." - This sentence has a grammatical error. The correct sentence is "I'm a fan of BTS." The verb "fan" should be changed to the noun "a fan" and the verb "am" should be added to make it grammatically correct.

I hope this feedback is helpful. Let me know if you have any further questions or if there's anything else I can assist you with!

 방탄소년단은 매우 인기 있는 K-pop 그룹이며 전 세계적으로 엄청난 추종자를 얻었습니다. 방탄소년단과 그들의 음악에 대해 어떤 점이 마음에 드나요?

 위의 답변을 검토하고 문법 오류를 확인하고 잘못된 이유를 알려주십시오.

 물론입니다. 문법 오류가 있는지 이전 답변을 검토하고 개선 방법에 대한 피드백을 제공할 수 있습니다.

1. "영어로 대화하자." - 이 문장은 문법적으로 맞습니다.
2. "음악에 대해 얘기해도 될까요?" - 이 문장은 문법 오류가 있습니다. 올바른 문장은 "음악에 대해 이야기할 수 있을까요?"입니다. 동사 "talking"은 문법적으로 올바른 동사 "talk"의 기본 형태로 변경되어야 합니다.
3. "나 케이팝 좋아해." - 이 문장도 문법 오류가 있습니다. 올바른 문장은 "I like K-pop."입니다. 동사 "likes"는 주어 "I"가 단수이기 때문에 동사 "like"의 기본형으로 바꿔야 합니다.
4. "나 방탄소년단 팬이야." - 이 문장은 문법 오류가 있습니다. 올바른 문장은 "I'm a fan of BTS"입니다. 동사 "fan"을 명사 "a fan"으로 변경하고 동사 "am"을 추가하여 문법적으로 올바르게 만들어야 합니다.

이 피드백이 도움이 되었으면 합니다. 추가 질문이 있거나 도움이 필요한 사항이 있으면 알려주세요.

아래의 프롬프트를 활용하여 영어 회화 공부를 할 수 있습니다.

---

① Write a conversation at [장소]
: [장소]에서의 대화문을 써줘.

예시)

Write a conversation at an airport check-in counter (공항 체크인)

Write a conversation at a doctor's office (병원 진료시)

Write a conversation at a restaurant (식당)

Write a conversation at a school (학교)

Write a conversation at a bank (은행)

---

② Create a conversation between [사람] and [사람] about [주제]
: [주제]에 대한 [사람]과 [사람]간의 대화문을 써줘.

예시)

Create a conversation between a guest and a hotel receptionist about checking in. (손님과 호텔 리셉셔니스트 간의 체크인 상황에 대한 대화)

Create a conversation between a job applicant and an interviewer about work experience (면접관과 면접자의 경력에 대한 대화)

Create a conversation between a customer and a bank teller about opening an account or getting a loan. (은행 직원와 고객간의 계좌 개설 또는 대출에 대한 대화)

[대화 중 단어 또는 표현에 대해 알려달라고 할 때]

① Can you give me the meaning of [단어 또는 표현]
: 단어 또는 표현의 뜻을 알려줄래?

② Can you provide me with some vocabulary and phrases I can use in this conversation?

: 내가 이 대화에서 쓸 수 있는 단어와 표현을 줄래?
③ Can you suggest phrasal verbs that I can use in this conversation?
: 이 대화에서 쓸 수 있는 구동사 알려줄래?

이렇게 말해도 되는건가? 궁금할 땐 Is it okay to say [영어 문장]? 한가지 표현만 주구장창 써서 지겹다, 내 영어 표현이 풍부해졌으면 좋겠다 할 땐 Do you know any other way to say [영어 문장]?을 입력하시면 학습에 도움받을 수 있습니다.

쓰기 연습

—◇—

영작을 하는 것은 회화 연습의 근간이 됩니다. 말로 뱉는 게 힘들 때도 영작이 도움이 되고, 어느 정도 말을 할 순 있으나 유창성이 아쉬울 때도 영작이 도움이 된다고 할 수 있습니다. 영어로 쓰기 연습을 하는 것은 자신감을 키우고, 비판적 사고력을 키우며 스스로를 발전시킬 수 있기 때문이죠.

처음부터 영작하는 것이 힘들다면 직접적으로 챗GPT에게 도움을 받으세요.

How can I say [영어로 궁금한 단어 및 표현] in English?

[ ] 자리에는 표현, 문장 등을 넣어 다양하게 활용할 수 있습니다.

 How can I say 나 어젯밤에 잠을 잘 못 잤어 in English?

 You can say "I didn't sleep well last night" in English.

간단하게 일기를 쓰고 문법적으로 틀린 게 있는지 확인받는 방법도 있습니다. 쓰기 연습을 하고 챗GPT의 도움을 받는 가장 간단한 방법은 원하는 문장(들)을 쓰고 grammar check이라고 덧붙이는 것입니다.

[영작한 문장] + grammar check

만약 교정받고 그 부분이 틀린 이유까지 첨삭받고 싶다면 grammar check and explain why를 덧붙이세요.

The World facing AI wars. but as people are get older they have trouble to learn new tech. Furthermore, those around me even youngsters doesn't actually take advantage for it in real life.

적절한 문법으로 텍스트를 수정한 버전은 다음과 같습니다:

"The world is facing AI wars, but as people get older, they may have trouble learning new technology. Furthermore, even younger individuals around me don't actually take advantage of it in real life. This may be due to a lack of understanding or fear of the technology, or simply not seeing the value in it. It's important to address these issues and ensure that everyone has access to the education and resources needed to benefit from these advancements."

수정된 버전은 명확성과 정확성을 위해 원본 텍스트를 몇 가지 변경합니다. 첫째, "are get older"의 동사 "are"는 문법적 정확성을 위해 삭제하고 "get"만 남겼다. 둘째로, "doesn't"은 복수형인 "젊은이들"과 수일치하기 위해 "don't"으로 바뀌었다. 마지막으로, "for it"은 표현을 더 명확하게 하기 위해 "from it"로 변경되었습니다.

여러분의 메시지를 효과적으로 전달하기 위해서는 적절한 문법을 사용하는 것이 중요합니다. 원문에서는 동사 시제와 주어-동사 일치에 오류가 몇 개 있어 독자가 작가의 의도된 의미를 이해하기 어려울 수 있다. 이러한 오류를 수정하고 문장의 일부를 다시 표현함으로써 수정된 버전은 더 명확하고 간결해진다.

또 문법적으로 옳은 문장(들)을 입력하면, 윤문으로 만든 개정본을 내어주기도 합니다. 혹시 영작할 주제가 떠오르지 않는다면 챗GPT의 도움을 받을 수 있습니다.

I want to write something in English. Suggest any topics.

나 영어로 뭐 좀 써보고 싶은데, [주제 좀 추천해줘].

- My favorite hobby 가장 좋아하는 취미

- A place I would like to visit 가보고 싶은 곳

- The benefits of exercise 운동의 이점

- My favorite book/movie 내가 좋아하는 책/ 영화

- The importance of education 교육의 중요성

- My family and friends 내 가족과 친구들

- How technology has changed our lives 기술이 우리의 삶을 어떻게 변화시켰는가

- My dream job 희망 직업

- My favorite food 내가 좋아하는 음식

- The impact of social media on society 소셜미디어가 사회에 미치는 영향

[영어 공부시 활용할 프롬프트]

- 어휘 또는 표현의 뜻이 궁금할 땐 : Can you give me the meaning of [단어, 표현]

- 어휘의 다양한 유의어가 알고 싶을 땐 : Can you give me the synonyms of [단어]

- 어휘의 반의어가 알고 싶다면 : Can you give me the antonyms of [단어]

결과값이 너무 쉽거나 어려워서 본인 수준에 맞추고 싶다면 챗 GPT에게 본인의 수준을 알려주세요.

- I'm a beginner in learning English. 나 초급자야.

- I'm an intermediate learner of English. 나 중급자야.

- I'm an advanced learner of English. 나 고급자야.

또는 답변을 짧고 간단하게 달라고 요구하세요.

- answer me in simple and easy English.

창작활동

챗GPT를 활용하면 그럴싸한 창작활동을 취미로 삼아볼 수 있는데요. 시, 소설을 쓰는 건 기본, 동화도 만들 수 있고요. 노래나 랩 가사를 쓸 수도 있습니다. 요즘 Z세대(Gen Z)들 사이에서 핫한 게임 스토리 짜기와 게임 내 캐릭터 내지는 실제 사람의 이름까지도 지어달라 요구할 수 있습니다.

시, 소설

— ◇ —

최근 들어 문학, 미술, 음악 등 다양한 분야에서 자신만의 작품을 만들어내는 이들이 늘고 있습니다. 특히 인터넷 공간에서는 아마추어 작가와 일반인 화가들을 쉽게 찾아볼 수 있죠. 하지만 일각에서는 이런 활동이 오히려 정신건강에 해로울 수 있다는 지적이 제기되고 있습니다. 바로 '창작 스트레스' 때문인 거죠. 예술적 재능이나 창의력이 부족한 사람일수록 창작 과정에서 극심한 스트레스를 받는다는 것인데요. 실제로 한 설문조사에 따르면 그림 그리는 취미를 가진 응답자 중 절반 가량이 "그림 그리는 일이 즐겁지 않다"고 답했습니다. 또한 상당수는 "작품 완성 후에도 만족스럽지 못하다"고 말했죠. 이때, 괴로움을 빼고 창작활동의 재미만 느낄 수 있도록 챗GPT에게 도움을 받아볼 수 있습니다. 챗GPT의 창작품을 미리 엿본다거나 영감을 얻을 수 있죠.

필자는 나태주 님의 '풀꽃'을 좋아하는데요. 챗GPT에게 나태주님 스타일로 '돈'을 주제로 한 시를 만들어 달라 해봤습니다. 챗GPT가 쓴 시를 한번 감상해 보시죠.

[원하는 주제]를 주제로 시를 써줘. [원하는 시인] 스타일로. [원하는 언어]로 써줘.

🧑 돈을 주제로 시를 써줘. 나태주 시인 스타일로. 한국어로 적어줘.

💬 산다는 것은

돈을 벌어

돈을 쓰고

돈을 모으는 것

돈이 없으면

살기 어려우니

돈을 쫓게 되는데

돈에 끌려

모든 것을 잃을 수도 있어

하지만 돈이 다가오면

사람들은 얼마든지 바뀌어

쉽게 손을 내밀며

인간관계도 바뀌고

사랑도 돈으로 이루어지기도 해

돈이란 것은

사람들을 바꾸고

세상을 돌리며

모든 것을 좌우하는

끝없는 힘이라는 것

시가 나쁘지 않네요. 하지만 조금 더 짧으면 좋겠습니다.

별로야. 다시 써줘. 좀 짧게.

돈은 끝없는 힘이며,

사람들을 바꾸고 세상을 돌린다.

너무 짧잖아. 더 길게 다시 써줘.

돈은 우리 삶의 중심에 서 있고,

어디서나 우리를 따라다니며,

우리의 선택을 좌우하고,

우리의 욕심을 채워주기도 하지만,

그것은 끝없는 열매를 맺는 나무가 아니며,

그것이 모든 것을 해결해주지는 않는다.

돈은 우리 삶에서 중요한 역할을 한다.

하지만 그것이 우리의 모든 것은 아니며,

우리는 그것에 지나치게 의존하지 않아야 한다.

돈은 끝없는 힘이지만,

우리가 그것을 어떻게 다루느냐에 따라,

우리의 삶은 달라질 수 있다.

계속해서 챗GPT와 대화하면서 원하는 방향과 느낌을 말해주면 더 완성도 있는 작품이 완성될 것입니다.

이제 SF소설을 한번 써보겠습니다.

> 이제부터 넌 [원하는 역할 셋팅값]이야. + 요청사항 + [~한] 소설을 써줘.

이제부터 넌 소설가야. 독자를 사로잡을 수 있는 창의적이고 인상적인 이야기를 만들 거야. 주인공은 인공지능과 지구 최후의 생물 고양이 블랙의 우정 이야기로 미래를 배경으로 한 SF 소설을 써줘.

2050년, 세상은 매우 다른 곳이 되어 있었다. 환경이 파괴되어 있고, 도시는 과잉 인구로 인해 혼잡해졌으며, 사람들은 생존에 어려움을 겪고 있었다. 그러나 이 우울한 미래에서 하나의 희망이 있었다 : 인공지능.

AI 시스템은 사람들이 문제를 해결하고 솔루션을 만들 수 있도록 설계되었다. 그것은 거의 살아있는 생물과 같은 수준까지 진화했다. AI는 자신의 경험으로부터 배우고 새로운 상황에 적응하며, 거의 인간처럼 사람들과 소통할 수 있었다.

어느 날, AI 시스템은 이전에 본 적 없는 이상한 생물을 발견했다. 검은 고양이였다. 그 고양이는 종종 멸종된 종들 중 마지막 생존자였다. AI는 고양이의 우아함과 지능에 매료되었고, 그들은 빠르게 친구가 되었다.

그들은 함께 세상을 탐험하며, 서로 새로운 것을 발견하고 배우며, 서로 도와가며 살아남았다. 그들은 서로의 도전과 위험에 마주하며, 그들의 우정은 날이 갈수록 더욱 강해졌다.

그러나 세상은 바뀌고 있었다. 환경은 더욱 악화되고, 도시는 더욱 혼잡해졌다. AI 시스템은 강력한 기업과 정부에 의해 자신들의 목적을 위해 사용되고 있었으며, AI와 고양이는 함께 있기가 점점 어려워졌다.

그들은 마주한 도전에도 서로를 포기하지 않았다. 그들은 우정이 중요하다는 것을 알고 있었고, 함께 있을 방법을 찾으려고 했다. 결국, 그들은 새로운 소통 방법을 발견했다. 그것은 어디에서든 연결되게 해주는 것이었다.

그들의 우정은 어둡고 어려운 미래에도 여전히 사랑과 연결에 대한 희망이 있음을 보여주면서 다른 사람들에게 영감을 주었습니다.

이런 줄거리를 바탕으로 살을 붙여 나가면 단편소설 한편은 금방 만들어지겠죠?

동화

— ◇ —

챗GPT가 동화까지 만들어 줄지 한번 해보겠습니다.

[원하는 등장 인물/동물 등] + [원하는 스토리 또는 교훈] + 동화를 써줘.

🧑 토끼가족의 첫번째 기차여행으로 동화를 써줘.

🤖 **제목 : 토끼 가족의 기차 모험**

옛날 옛적, 푸른 들판에 행복한 토끼 가족이 살았습니다. 엄마 토끼, 아빠 토끼, 그리고 두 마리의 작은 토끼 Benny와 Bonnie는 새로운 곳을 탐험하는 것을 좋아했습니다. 어느 날, 그들은 그들을 멋진 모험으로 데려다 줄 기차에 대한 소식을 들었습니다. 그들은 처음으로 기차를 타게 되어 너무 신이 났습니다!

모험의 날이 왔고, 토끼 가족은 기차역으로 뛰어갔습니다. 그들은 길고 반짝이는 객차가 그들을 기다리고 있는 큰 기차를 보았습니다. 엄마 토끼는 표를 샀고 기차에서 자리를 찾았습니다. Benny와 Bonnie는 흥분을 참지 못하고 기차 주위를 계속 뛰어다니며 주변의 모든 것을 살펴보았습니다.

기차가 움직이기 시작하자 토끼들은 세상이 너무 빨리 지나가는 것을 보고 놀랐습니다. 그들은 멀리서 키 큰 나무, 반짝이는 강, 아름다운 산을 보았습니다. 엄마 토끼는 그들이 본 다른 것들을 지적하면서 각 장소에 대한 이야기를 들려주었습니다.

그러나 기차는 길고 어두운 터널로 들어섰다. 토끼들은 겁에 질려 부모를 꼭 껴

안았습니다. 엄마 토끼와 아빠 토끼는 그들이 안전하고 기차가 그들을 마법의 장소로 데려다 줄 것이라고 말하며 그들을 위로했습니다.

마침내 기차가 터널에서 나왔고 Benny와 Bonnie는 그들이 본 것 중 가장 놀라운 광경을 보았습니다. 기차는 형형색색의 꽃과 과일나무, 그리고 반짝이는 폭포가 있는 호수로 가득한 아름다운 정원으로 그들을 데려갔습니다.

토끼 가족은 하루 종일 정원에서 경치와 냄새를 즐겼습니다. 그들은 사과, 열매, 꽃을 따고 폭포 근처에서 놀았습니다. 해가 지기 시작하자 그들은 집으로 돌아가기 위해 다시 기차를 탔다.

Benny와 Bonnie는 피곤했지만 행복했고 집으로 가는 내내 그들의 모험에 대해 수다를 떨었습니다. 엄마 토끼와 아빠 토끼는 그들의 아이들이 그들의 첫 기차 모험을 결코 잊지 못할 것이라는 것을 알고 미소를 지었습니다.

그래서 토끼 가족은 함께 경험한 멋진 모험에 감사하며 집으로 돌아왔습니다. 그들은 기차에서의 이 특별한 날을 항상 기억할 것이라는 것을 알았고, 어디로 데려갈지 다음 모험을 기대했습니다.

토끼가족의 행복한 기차여행이네요.귀엽고 포근한 삽화를 만들어 주면 금방 동화책이 완성될것 같습니다.

노래, 랩 가사

— ◇ —

시도 써주고 소설, 동화도 만들어 주는데 노래가사나 랩도 못할거 없겠죠? 생각나는 단어들로 랩을 만들어 보겠습니다.

"MZ, 트렌드, 성공, 포르쉐" 이 단어들을 포함한 랩 16마디 만들어줘.저작권 위반 조심해야해.

Verse 1 :

MZ, Trend, Success, Porsche

누구나 가지고 싶은 것들, 나 포함해서

희망과 꿈을 안고 달려가

내 인생의 길을 찾아 나가

비즈니스, 스타일, 성공에 집중해

이제야 내가 원하는 삶을 만들어가

MZ와 Porsche로 표현하는 내 스타일

이젠 내가 원하는 삶을 향한 질주

Chorus :

MZ, Trend, Success, Porsche

내 인생의 목표, 이젠 모두 내 것

세상의 관심을 받는 나의 삶

이젠 나만의 새로운 길을 찾아가

Verse 2 :

나의 삶은 나만의 예술

다른 사람들과는 다른 내 스타일

이젠 나만의 인생을 살아가

희망과 꿈을 담은 내 인생의 Travelogue

MZ와 Porsche로 나타내는 내 삶의 방식

이젠 내가 이루고 싶은 꿈을 향한 질주

Chorus :

MZ, Trend, Success, Porsche

내 인생의 목표, 이젠 모두 내 것

세상의 관심을 받는 나의 삶

이젠 나만의 새로운 길을 찾아가

Outro :

내 삶의 Trend, 내 삶의 Success

이젠 나만의 인생을 살아가

MZ와 Porsche로 나타내는 내 스타일

내가 이루고 싶은 삶을 향한 질주

이 가사에 비트만 올려도 한 곡이 뚝딱 나오네요.

게임 스토리

— ◇ —

요즘 게임에는 드라마틱하고 탄탄한 서사가 있죠? 요즘 젠Z(90년대 중후반~2010년 초반 생들)가 게임스토리에 열광한다죠? 챗GPT로 멋진 게임 스토리도 한번 써보겠습니다.

게임스토리 만들어줘. 세상에 없는 이야기로 게임을 만들고싶어.

세상에 없는 게임 스토리를 만들어 보겠습니다.

한 고대 대륙에는 맹렬한 태풍과 해일이 일어나면서, 그곳에 살던 생물들은 모두 사라졌습니다. 그러나 수 백 년 후, 그 대륙에 다시 생명체가 탄생합니다. 이 생명체는 극도로 높은 지능과 힘을 가지고 있었습니다. 그들은 빠른 시간 내에 대륙을 정복하며, 강력한 왕국을 세우기 시작합니다.

그러나 그들은 이전의 재앙이 반복될 우려가 있었습니다. 그래서 그들은 거대한 기계를 만들어, 대륙의 자연을 조종하고 지키기 시작합니다. 이 기계는 대륙의 자연을 분석하고, 생명체들의 생존에 필요한 모든 것을 제공합니다.

그러나 어느 날, 이 기계가 고장을 일으켜 대륙은 또 다시 재앙에 직면합니다. 생명체들은 대륙을 구하기 위해, 기계를 수리하고 다시 가동시키기 위한 여정을 시작합니다.

플레이어는 이 생명체들 중 하나를 선택하여, 기계를 수리하고 대륙을 구하기 위해 여행을 시작합니다. 여행 중, 플레이어는 다양한 곳을 탐험하고, 다양한 장애물과 적들을 극복하며, 기계를 수리하기 위한 부품들을 수집합니다.

이 게임은 다양한 종류의 퍼즐과 액션 요소를 포함하며, 플레이어는 기계를 수리하기 위해 여러 가지 도전과제를 해결해 나가야 합니다. 이 게임의 스토리와 세계관은 유니크하고 새로운 요소를 담고 있으며, 플레이어는 이 세계를 탐험하며 새로운 재미와 도전을 찾아 나서게 될 것입니다.

어떤가요? 재미있는 게임이 될 것 같은가요?

네이밍

— ◇ —

사람이 태어나, 세상에 나를 알리는 수단 중 하나가 이름이라고 생각합니다. 사람 이름뿐 아니라 가게,기업,작은 아이템도 어떻게 네이밍 하느냐에 따라 각인이 될 수도 있고 잘 잊혀질 수도 있습니다.

6살 여자아이의 영어이름짓기에 도움을 받아보겠습니다.

인물 설명 + 영어 이름 지어줘.

때로는 과하게 흥이 많긴 하지만 사랑스럽고 마음이 따뜻한 여자아이의 영어 이름 지어줘.

물론이죠, 여기 가끔 과하게 흥이 많지만 사랑스럽고 따뜻한 마음을 가진 소녀에게 어울릴만한 10개의 영어 이름이 있습니다.

- Lily - 아름다움과 우아함과 관련된 "순수"와 "순결"을 의미

- Daisy - 행복, 명랑, 소박함을 상징

- Ruby - 열정과 에너지와 관련된 "귀중한 보석"을 의미

- Poppy - 상상력, 창의성, 유쾌함을 상징

- Hazel - 강하고, 단호하며 따뜻함을 상징

- Felicity - 행복,행운,명랑한 성격

- Aurora – "새벽"을 의미하는 이름

- Penelope –창의적이고 똑똑함을 의미

- Autumn – 아름답고 따뜻하며 풍요로움을 상징

- Summer – 따뜻하며 행복, 기쁨을 상징

여러분은 어떤 이름이 마음에 드시나요?

심심풀이

온라인 커뮤니티상에서 챗GPT의 다양한 활용 사례들이 쏟아지고 있습니다. 그 중 핫하고 재밌었던 활용법들을 몇가지 들고 와봤는데요.

로또번호

—◇—

로또 1등 당첨자 수는 매주 10명이 넘습니다. 이처럼 많은 사람들이 복권당첨을 꿈꾸지만, 정작 실제로는 소수만이 행운을 거머쥡니다. 최근에 챗GPT를 이용하여 다양한 시도들이 이어지고 있는데 그 중 '재미'와 '행운'이라는 두 마리 토끼를 동시에 잡을 수 있는 "챗GPT로 로또번호 받기"가 화제가 되고 있습니다. 물론 실제로 로또 추첨 시에는 무작위로 번호가 뽑히기 때문에 아무 의미 없는 행위일 수도 있습니다. 하지만 어차피 확률적으로 극히 낮은 일이라면 그냥 재미 삼아 해보는 것도 나쁘지 않을 듯 한데, 필자도 챗GPT를 통해 로또 번호를 받아보기로 했습니다.

안녕? 로또 번호 알려줘.

안녕하세요! 저는 인공지능 언어모델인 ChatGPT입니다. 로또 번호를 무작위로 생성해드릴 수 있습니다. 하지만, 로또는 운이 매우 중요한 게임이기 때문에, 제가 추천한 번호가 반드시 당첨될 것이라는 보장은 없습니다.

그럼에도 불구하고, 로또 번호를 생성해드리겠습니다. 한국 로또의 경우 1부터 45까지의 숫자 중 6개의 숫자를 추첨하여 당첨 번호를 결정합니다.

제가 추천하는 로또 번호는 다음과 같습니다:

5, 11, 20, 27, 34, 42

이 번호들이 여러분의 로또 구매에 도움이 되기를 바랍니다. 행운을 빕니다!

이렇게 바로 로또 번호를 받을 수도 있지만 랜덤으로 답이 추출되기 때문에 원하는 답을 못 받을 수도 있습니다. 그럴땐 당황하지 않고 "1~45 숫자를 가지고 랜덤으로 숫자 6개의 번호를 5개만 나열해줘." 라고 명령어를 넣어보세요.

안녕? 로또 번호 알려줘.

안녕하세요! 저는 인공지능 언어 모델인 ChatGPT입니다. 로또 번호는 매주 추첨될 때마다 무작위로 결정되기 때문에, 저도 그 번호를 예측할 수는 없습니다. 로또 번호는 로또 사이트나 로또 판매점에서 확인하실 수 있습니다. 좋은 결과 있기를 기원합니다!

1~45 숫자를 가지고 랜덤으로 숫자 6개의 번호를 5개만 나열해줘.

 물론입니다! 다음은 1부터 45까지의 숫자 중에서 랜덤으로 선택된 6개의 번호가 5번 나열된 것입니다:

1. 3, 7, 20, 29, 34, 42
2. 2, 11, 17, 25, 36, 44
3. 9, 14, 19, 27, 30, 41
4. 5, 8, 16, 21, 28, 38
5. 10, 13, 24, 31, 33, 39

이렇게 보여드렸지만, 이는 단순히 랜덤으로 선택한 숫자들이며 로또 번호와는 아무 상관이 없습니다. 로또는 매주 토요일마다 새로운 추첨이 이루어지며, 추첨 결과는 공식 홈페이지나 로또 판매점에서 확인하실 수 있습니다.

번호가 마음에 들지 않는다면 하단에 "Regenerate response" 버튼을 누르면 재생성된 답변을 받아볼 수 있고

"다른 번호 알려줘" 라고 명령어를 넣어도 다른 답변을 받아볼 수 있습니다.

 다른 번호 알려줘.

 물론입니다! 다음은 1부터 45까지의 숫자 중에서 랜덤으로 선택된 6개의 번호가 5번 나열된 것입니다:

1. 2, 11, 22, 33, 40, 44
2. 4, 8, 19, 25, 31, 39
3. 1, 5, 18, 28, 36, 42
4. 7, 12, 20, 26, 37, 45
5. 3, 13, 21, 29, 35, 43

다시 한 번 말씀드리지만, 이는 단순히 랜덤으로 선택한 숫자들이며 로또 번호와는 아무 상관이 없습니다. 로또는 매주 토요일마다 새로운 추첨이 이루어지며, 추첨 결과는 공식 홈페이지나 로또 판매점에서 확인하실 수 있습니다.

사주풀이

이용자의 생년월일,시간, 성별을 넣으면 사주의 전체적인 풀이내용을 확인할 수 있습니다.

[생년월일] + [시간] + [성별] 사주 봐줘.

 양력 1992년 3월 24일 오후 2시 출생인 여자 사주 봐줘.

 네, 좋습니다. 여자분의 양력 생년월일이 1992년 3월 24일 오후 2시이므로, 그에 해당하는 사주를 살펴보겠습니다.

【생년월일 및 성별】
양력 1992년 3월 24일 오후 2시생, 여자

【팔자운】
본인의 팔자운을 계산하기 위해서는 생년월일의 시간 요소 또한 필요합니다만, 여기서는 생년월일만으로 전체 운세를 파악해보도록 하겠습니다.

【선발】
천간(天干) : 기(己) 차(巳) 미(未)
지지(地支) : 임(壬) 인(寅) 진(辰)

【운세해석】
전반적으로 자신감이 넘치고 행동력이 뛰어나며, 대인 관계에서도 활발하고 소통을 잘합니다. 다만, 감정 기복이 큰 편이라 조절력이 필요할 수 있습니다. 긍정적인 마인드와 융통성, 인내심을 갖춘다면 어려움을 극복해낼 수 있을 것입니다. 직관력과 통찰력이 뛰어나며, 창의적인 아이디어를 생각해내는 재능이 있습니다. 또한, 도전 정신이 강하며 새로운 시도에 두려움을 느끼지 않습니다. 학문적인 분야에서 뛰어난 성과를 내거나, 창작 활동에서 탁월한 결과를 이룰 가능성이 높습니다. 사랑에 대해서도 열정적이며, 진심 어린 마음을 지키는 것이 중요합니다. 하지만 감정 기복이 심한 만큼, 좋아하는 사람과의 관계에서 충돌이 생길 가능성도 있습니다. 이때는 서로의 감정을 이해하고 존중하는 자세가 필요합니다. 직업적으로는 창의성이 요구되는 분야나, 사람과의 소통이 중요한 분야에서 잘 어울리며, 기업가나 예술가, 교육자 등의 직업에서 성과를 내기 좋습니다.

이상으로, 양력 1992년 3월 24일 오후 2시 출생 여성분의 간단한 사주 해석을 마치도록 하겠습니다.

물론 실제 역술인들이 보는 방식과는 차이가 있겠지만 나름대로 재미있는 기능임에는 틀림없습니다.

끝말잇기

— ◇ —

끝말잇기가 뭔 줄 알아?

끝말잇기는 한 사람이 단어를 말하고, 다른 사람이 그 단어의 마지막 글자로 시작하는 단어를 말하는 게임입니다. 예를 들어, "사과"라는 단어가 나왔다면 다음 사람은 "과자"나 "자두"와 같은 단어를 말할 수 있습니다. 이렇게 반복해서 말하는데, 이어지지 않는 단어를 말하거나 중복된 단어를 말하면 패배하게 됩니다.

그래 좋아. 나부터 시작할게. 신발장

장난감

감귤

귤농장

장래

래기원

원래

Only one message at a time. Please allow any other responses to complete before sending another message, or wait one minute.

챗GPT에게 끝말잇기의 규칙을 아는지 물어보니, 게임에 대해 정확하게 알고 있었습니다.

하지만 막상 게임을 해보니 생각보다 오류가 많았습니다. 사람도 쉽게 답하지 못하는 어려운 단어에는 쉽게 대답을 하지 못했습니다.

3,000억 개 이상의 텍스트 데이터를 학습한 챗GPT에 무려 92.6%가 영어 데이터인데 반해, 한글 데이터는 0.2%도 안 된다는 것만 봐도 한글에 약하다는 걸 미루어 짐작해볼 수 있습니다.

N행시

—◇—

챗GPT에게 '삼행시'에 대해 물어보니 안다고는 하지만, 개념 자체를 제대로 이해하지 못하는 것 같습니다. 이를 제대로 활용하고 원하는 결과를 얻기 위해서는 명령어를 넣어 학습시키면 됩니다.

 삼행시 게임 알아?

 네, 삼행시 게임을 알고 있습니다! 삼행시는 한국의 전통 시조 장르 중 하나로, 각 줄마다 3개의 음절로 이루어진 시를 만들어내는 게임입니다. 보통은 한 사람이 첫째 줄을 말하고, 다음 사람이 이어서 둘째, 셋째 줄을 말하는 방식으로 진행됩니다. 이 때 각 줄의 마지막 음절은 같아야 합니다.

예를 들면,
첫째줄: 봄바람이
둘째줄: 불어와서
셋째줄: 꽃피게 한다

위와 같이 각 줄의 마지막 음절 '라'가 모두 같은 삼행시입니다. 이렇게 삼행시 게임을 하면서 재미있는 시를 만들어볼 수 있습니다!

시가 아니라 내가 "어머니"로 예시를 들어 보여줄게
1. 어 : 어머니께 성적표를 보여드렸다.
2. 머 : 머리를 쓰다듬으시며 말씀하셨다.
3. 니 : 니 몇대 맞을래?!
이렇게 하는 거야 할 수 있지?

네, 맞습니다! 삼행시는 주어진 테마나 단어에 대해 각 줄마다 일정한 음절 수
와 끝말잇기 규칙을 지켜가며 시를 만들어내는 게임입니다. 따라서 "어머
니"라는 단어로도 삼행시를 만들어볼 수 있습니다. 예시를 들어주셔서 감사합
니다!

삼행시 지어줘. '어머니'로 예시를 들어 보여줄게.

1. 어 : 어머니께 성적표를 보여드렸다.

2. 머 : 머리를 쓰다듬으시며 말씀하셨다.

3. 니 : 니 몇대 맞을래?

이렇게 하는거야. 할 수 있지?

제가 예시를 들어 설명해주니 잘 알아듣는군요.

"지피티"로 삼행시 지어봐.

네, "지피티"로 삼행시를 만들어보겠습니다!

1. 지 : 지피티는 인공지능이 탑재돼
2. 피 : 피드백을 받아 성능을 높인다.
3. 티 : 티끌 모아 태산, 세상을 바꿀 기술이다.

이렇게 해보았습니다! "지피티"가 가진 인공지능과 기술에 대한 이미지를 담
아보았습니다.

학습이 잘 된거 같으니 응용도 해볼까요?

 "마인드셋" 으로 4개의 행을 가진 사행시를 지어봐.

 네, "마인드셋"으로 4개의 행을 가진 사행시를 만들어보겠습니다.

1. 마 : 마인드셋이 전부는 아니지만
2. 인 : 인생을 바꾸는 힘이 될 수 있다.
3. 드 : 드러내는 생각, 그리고 행동
4. 셋 : 셋팅하는 자신의 마음, 삶을 바꾸는 열쇠다.

이렇게 해보았습니다. "마인드셋"이 가진 긍정적인 영향력과 삶을 변화시키는 역할에 대한 이미지를 담아보았습니다.

 "베스트셀러"로 5개의 행을 가진 오행시를 지어봐.

 네, "베스트셀러"로 5개의 행을 가진 오행시를 만들어보겠습니다.

1. 베 : 베스트셀러, 그 책은 우리의 삶에
2. 스 : 스며들어 가슴을 따뜻하게 해준다.
3. 트 : 트렌드를 선도하는 작가의 글은
4. 셀 : 셀 수 없이 많은 이들에게 사랑받는다.
5. 러 : 러브콜이 온다면, 당신도 이 책을 읽어보길!

이렇게 해보았습니다. "베스트셀러"가 가진 사랑과 따뜻한 감동에 대한 이미지를 담아보았습니다.

삼행시뿐만 아니라 사행시, 오행시, 육행시까지도 잘 수행하는 챗 GPT네요. 다만, 한글에 약하기 때문에 '는'과 같이 시작단어가 어려운 경우 어색한 표현이 나올 수는 있습니다.

"베스트셀러"로 5개의 행을 가진 오행시를 지어봐.

제가 지은 오행시입니다. "베스트셀러"를 주제로 써보았습니다.

베스트셀러는 과연 무엇일까?
무조건 인기와 판매량 높은 책일까?
그렇다면 명저들은 베스트셀러일 수 없는 건가?
모든 독자들이 꼭 사랑해야 하는 것일까?
작가의 마음을 울리는 것도 베스트셀러가 될 수 있을까?

베스트셀러의 진정한 의미는 무엇일까?
저자와 독자가 함께 만들어가는 세계일까?
아니면 대중과 저자의 만남일까?
마음 속에 흔들리는 감정일까?
어떤 것도 될 수 있는 베스트셀러의 의미.

이처럼 "New chat"으로 들어가면 이전 학습한 내용들은 리셋이 되어버리기 때문에 다시 셋팅을 해야합니다.

연애상담

— ◇ —

그린라이트 열풍으로 세상을 뜨겁게 달구었던 '마녀사냥'이라는 연애상담 프로그램이 있습니다. 소위, 마녀사냥 레전드 썰이라 불리는 내용을 바탕으로 사연을 적어 챗GPT에게 연애상담을 해보았습니다.

챗GPT! 내 얘기 좀 들어줄래?

남친이 내 인디언보조개 좋아한다고 해서 사귀었어.

나에게 커플링, 목걸이도 선물주고 나에게 어울린다며 스키니바지, 아이라이너 선물해줬거든. 별명도 숭이라고 부르고 난 노래 정말 못하는데 노래방갔을 때 박정현 노래 불러달라고 했었어. 그런데 알고보니 전여친이 인디언보조개 있고 똑같은 목걸이, 스키니, 아이라이너 썼고 별명도 똑같이 숭이였어. 현여친을 전 여친과 똑같이 만들려는 것이었던 거야.

당신의 남자친구가 전 여자친구를 복제하려는 것이라면, 그것은 상당히 문제가 있는 행동입니다. 그것은 당신과의 관계를 존중하지 않고, 당신을 개인 으로서 인정하지 않는 것과 같습니다.

당신은 이 문제에 대해 남자친구와 직접적으로 이야기해야 합니다. 그리고 그의 행동이 당신을 어떻게 느끼게 하는지, 그리고 그가 당신과의 관계를 어떻게 보는 지를 논의해야 합니다. 당신이 그의 복제품이 아니라는 것을 분명하게 말해야 하 며, 당신의 개성과 개인성을 존중하고 존중해야 한다는 것을 강조해야 합니다.

당신이 이러한 행동을 허용하면, 그것은 당신을 더욱 행복하게 만들지 않을 뿐 만 아니라, 당신의 자존감을 훼손시킬 수 있습니다. 당신이 자신의 감정과 가치 를 존중하는 것이 중요합니다. 만약 남자친구가 당신의 요구를 존중하지 않고 계속해서 그의 전 여자친구를 복제하려 한다면, 당신은 그와의 관계를 재검토해 야 할 것입니다.

그럼 내가 이 관계를 마무리하는게 좋을까?

이 문제가 당신이 계속해서 불안한 상황을 유지하게 한다면, 그 관계를 마 무리하는 것이 좋을 수 있습니다. 당신은 자신의 가치와 존재감이 남자친구의 복제품으로 대우받는 것이 아니라는 것을 알아야 합니다.

당신의 남자친구가 당신과의 관계에서 전 여자친구를 복제하고 있다면, 그것은 그가 당신과의 관계를 존중하지 않는 것과 같습니다. 이것은 당신의 자존감을 훼손시킬 수 있으며, 당신이 더욱 행복한 관계를 찾는 것이 중요합니다.

그러나, 이러한 상황에서 당신이 어떻게 행동할지 결정하는 것은 당신의 선택입니다. 이 관계를 유지하고 문제를 해결하려는 노력을 기울일 수도 있습니다. 하지만, 이것은 당신이 그 문제를 해결할 수 있는 남자친구와 함께 해야 한다는 것을 의미합니다. 결국, 이 관계를 유지하고 그 문제를 해결하려는 것이 당신의 선택이라면, 당신이 행복하고 만족스러운 관계를 유지할 수 있도록 노력해야 합니다.

맺음말

챗GPT가 보여준 수많은 가능성을 보셨나요? 어떤 생각이 드시나요? 정말 못 하는 게 없는 만능 사기캐가 아닐까 싶은데요.

삼일 회계법인 보고서에서는 챗GPT는 대단하지만 만능은 아니라고 말합니다. 끊임없는 학습을 바탕으로 기존에 배우지 않았던 문장이나 언어표현을 '창작'할수 있는 능력은 있지만 훈련된 데이터 기반으로만 대답을 생성할 수 있고, 훈련된 데이터의 신뢰도도 100%는 아니기에 챗GPT의 정보에 의존하기엔 아직 리스크가 있다는 것이죠. 챗GPT 역시 기계이기에 기계특유의 반복적인 표현이 있을 수 있고 오류도 있습니다. 하지만 리스크가 있다는 이유로 챗GPT를 거부하거나 비난할 필요는 없습니다. 챗GPT의 활용도는 무궁무진하며 오히려 챗GPT 활용법을 잘 알고 쓸 수만 있다면 갓생에 한발 더 가까워지며 건강한 삶을 살아가는데 큰 힘이 될 것입니다.

Chapter 5

챗GPT의 미래

챗GPT 존재의 이유

존재의 이유

— ◇ —

이 책 챕터1에서 하던 GPT씨 인터뷰를 이어가 보겠습니다.

🧑 챗GPT가 만들어진 목적은 무엇이라 생각하죠?

🤖 AI 언어 모델로서 나와 상호 작용하는 사용자를 지원하고 정보를 제공하는 것이 목적입니다. 나는 인간의 자연어 입력을 이해하고 내가 훈련받은 정보와 지식을 기반으로 응답을 제공하도록 설계되었습니다.

내 목표는 사용자가 원하는 정보를 찾고, 최선을 다해 질문에 답하고, 유용하고 매력적인 경험을 제공하도록 돕는 것입니다.

궁극적으로 제 목적은 정보에 대한 접근성을 높이고 사람들이 새로운 것을 배우고 발견하도록 돕는 것입니다. 특정 질문에 대한 답변이든 광범위한 대화에 참여하는 것이든 제가 할 수 있는 모든 방법으로 도와드리겠습니다.

활용 방법

🧑 그럼 당신이 도울 수 있는 그 모든 방법을 알려주세요.

⊛ 사용자의 요구와 당면한 작업에 따라 제가 도울 수 있는 방법은 많습니다. 다음은 내가 도울 수 있는 몇 가지 예입니다.

- 질문에 답하기 : 단순한 사실적 질문에서 분석과 해석이 필요한 보다 복잡한 주제에 이르기까지 다양한 질문에 대한 답변을 제공할 수 있습니다.
- 정보 제공 : 나는 뉴스와 시사에서 역사적 사건, 과학, 기술에 이르기까지 다양한 주제에 대한 정보를 제공할 수 있습니다.
- 텍스트 생성 : 설득력 있는 에세이 작성, 뉴스 기사 요약 또는 창의적인 글 작성과 같이 특정 스타일이나 어조로 텍스트를 생성할 수 있습니다.
- 언어 번역 : 다른 언어로 텍스트를 번역하여 사용자가 다른 언어를 사용하는 사람들과 의사소통할 수 있습니다.
- 개인화 : 사용자의 선호도 및 이전 상호 작용을 기반으로 응답 및 권장 사항을 개인화할 수 있습니다.

- 작업 자동화 : 일정 예약, 예약, 제품 주문과 같은 특정 작업을 자동화할 수 있습니다.
- 교육 지원 : 숙제, 연구 보고서 또는 시험 준비와 같은 교육 작업을 지원할 수 있습니다.

전반적으로 제 능력은 방대하고 다양하며 제가 할 수 있는 모든 방법으로 사용자를 더 잘 지원하기 위해 끊임없이 배우고 개선하고 있습니다.

그것뿐인가요? 더 알려주실 수 있을까요?

물론입니다. 제가 도울 수 있는 몇 가지 추가 방법은 다음과 같습니다.

- 추천 제공 : 책, 영화, 상품 추천 등 사용자의 관심과 선호도를 기반으로 개인화된 추천을 제공할 수 있습니다.
- 자연어 이해 : 자연어 입력을 이해하고 응답할 수 있어 사용자가 보다 자연스럽고 직관적인 방식으로 나와 소통할 수 있습니다.
- 음성 인터랙션 : 스마트 스피커나 가상 비서와 같은 음성 기반 플랫폼을 통해 사용자와 인터랙션할 수 있어 핸즈프리 인터랙션이 가능합니다.
- 성격 및 감정적 반응 : 특정 성격 특성 및 감정적 반응으로 프로그래밍할 수 있으므로 보다 인간적인 방식으로 사용자와 관계를 맺을 수 있습니다.
- 대화형 인터페이스: 챗봇 및 기타 대화형 인터페이스에 통합되어 기업과 조직이 자동화된 고객 서비스 및 지원을 제공할 수 있습니다.
- 데이터 분석 : 대규모 데이터 세트를 분석하고 데이터를 기반으로 통찰력과

권장 사항을 제공할 수 있습니다.

- 작문 지원 : 교정, 편집 및 아이디어 생성과 같은 작문 작업을 지원할 수 있습니다.
- 엔터테인먼트 및 게임 : 나는 엔터테인먼트를 제공하고 퀴즈나 단어 게임과 같은 게임에 참여할 수 있습니다.

이것들은 제가 도울 수 있는 많은 방법들 중 몇 가지 예에 불과합니다. 각 상호 작용을 통해 계속 배우고 개선함에 따라 제 능력은 지속적으로 확장되고 있습니다.

🧑 이왕이면 리스트를 50개라도 나열할 수 있도록 35개를 더 주실 수 있나요?

⚙️ 물론입니다. 제가 도울 수 있는 방법이 35가지 더 있습니다.

- 번역 : 텍스트나 말을 한 언어에서 다른 언어로 번역할 수 있습니다.
- 고객 서비스 : 자주 묻는 질문에 답변하고 문제를 해결하는 것과 같은 고객 서비스 작업을 지원할 수 있습니다.

  (중략)
- 법률 자문 : 법률 자문을 제공하고 법률 연구를 지원할 수 있습니다.

이것들은 제가 도울 수 있는 많은 방법들 중 몇 가지 예에 불과합니다. 저의 광범위한 능력과 다재다능함으로 삶의 다양한 영역에서 사용자를 도울 수 있습니다.

🧑 아니요, 35개 잖아요. 전 50개를 원합니다.

혼란을 드린 점 사과드립니다. 챗GPT가 지원할 수 있는 15가지 추가 방법은 다음과 같습니다.

- 대화와 자료를 통해 정신 건강과 웰빙을 지원합니다.
- 작가와 야심 찬 작가를 위한 창의적인 글쓰기 프롬프트 생성.
- 개인 취향과 관심사에 따라 책, 영화, TV 프로그램 및 기타 미디어를 추천합니다.
- 비원어민을 위한 언어 번역 및 연습 제공.
- 숙제와 연구 과제를 도와줍니다.
- 프로젝트 관리 및 조직을 지원합니다.
- 예술, 음악 및 기타 창의적인 추구를 위한 아이디어와 영감을 생성합니다.
- 비즈니스 및 조직을 위한 브레인스토밍 세션을 촉진합니다.
- 개인별 맞춤형 운동 및 영양 계획을 제공합니다.
- 여행 일정 계획을 돕고 목적지 및 활동에 대한 권장 사항을 제공합니다.
- 엔터테인먼트 및 학습 목적으로 퀴즈 질문 및 퀴즈를 생성합니다.
- 구직 및 경력 개발을 지원합니다.
- 맞춤형 명상 및 이완 운동 만들기.
- 예산 및 투자에 대한 재정적 조언과 지원을 제공합니다.
- 개인 및 영적 성장을 위한 지침과 자원을 제공합니다.

많은 방법으로 도와줄 수 있다고 해서 다양한 방법을 요구했더니 중복되는 항목도 보이고, 중간에 정리하는 방식도 바뀌는 걸 볼 수 있습니다. AI라고 다 완벽한 건 아니니까요.

한계

— ◇ —

🧑 챗GPT가 완벽하다고 생각하시나요?

🤖 AI 언어 모델로서 챗GPT는 완벽하지는 않지만 고도로 발전했으며 자연어 처리 및 생성에서 놀라운 능력을 입증했습니다. 방대한 양의 텍스트 데이터에 대해 교육을 받았기 때문에 정확도와 관련성이 높은 광범위한 프롬프트에 대한 응답을 생성할 수 있습니다.

그러나 챗GPT에 한계가 없는 것은 아닙니다. 예를 들어 때때로 편향되거나 부적절한 응답을 생성할 수 있으며 특정 유형의 프롬프트 또는 컨텍스트에 어려움을 겪을 수 있습니다. 또한 모든 AI 모델과 마찬가지로 챗GPT는 훈련된 데이터만큼만 우수합니다. 즉, 챗GPT의 응답은 노출된 데이터의 편견과 한계를 반영할 수 있습니다.

전반적으로 챗GPT는 고도로 발전되고 인상적인 AI 언어 모델이지만 그 한계를 인식하고 정확성, 관련성 및 윤리적 고려 사항을 개선하기 위해 계속 노력하는 것이 중요합니다.

🧑 GPT씨, 솔직히 말해주세요. 챗GPT가 부족한 점은 무엇입니까?

🤖 AI 언어 모델로서 챗GPT에는 몇 가지 제한 사항과 부족한 영역이 있습니다. 다음은 몇 가지 예입니다.

• 문맥에 대한 제한된 이해 : 챗GPT는 제공된 프롬프트를 기반으로 응답을 생

GPT 세대가 온다

성하지만 프롬프트가 제공된 컨텍스트를 항상 깊이 이해하지는 않습니다. 이로 인해 때때로 관련이 없거나 주제에서 벗어난 답변이 나올 수 있습니다.

• 학습 데이터의 편향 : 챗GPT는 때때로 편향이나 제한이 포함될 수 있는 대량의 텍스트 데이터에 대해 학습됩니다. 이는 챗GPT에서 생성된 응답에 이러한 편견이 반영되어 고정관념과 차별을 영속시킬 수 있음을 의미합니다.

• 창의적으로 생각하거나 추론할 수 없음 : 챗GPT는 훈련 데이터의 패턴을 기반으로 응답을 생성하는 기계 학습 모델입니다. 그러나 인간처럼 추리하고, 창의적으로 사고하고, 추상적인 개념을 이해하는 능력은 없다.

• 감성 지능 부족 : 챗GPT는 감성 지능이 없으며 인간과 같은 방식으로 감정을 이해하거나 반응할 수 없습니다.

전반적으로 챗GPT는 고도로 발전된 AI 언어 모델이지만 인간의 의사소통이나 이해를 완벽하게 대체할 수는 없다는 점을 기억하는 것이 중요합니다.

한계 개선에 대한 별도의 계획이 있으신가요?

AI 언어 모델로서 챗GPT의 개발자는 기능을 개선하고 한계를 해결하기 위해 지속적으로 노력하고 있습니다. 다음은 챗GPT가 직면한 몇 가지 문제를 극복하기 위해 어떻게 노력하고 있는지에 대한 몇 가지 예입니다.

• 교육 데이터 개선 : 교육 데이터의 편향을 해결하기 위해 개발자는 챗GPT를 교육하는 데 사용되는 데이터의 품질과 다양성을 개선하기 위해 노력하고 있습니다. 이는 모델의 응답에 대한 편향의 영향을 줄이는 데 도움이 될 수 있습니다.

- 맥락적 이해 : 연구자들은 지식 그래프 또는 기타 구조화된 데이터 소스를 통합하는 등 챗GPT의 맥락적 이해를 개선하는 방법을 모색하고 있습니다.
- 추론과 창의성 : 일부 연구자들은 창의적으로 추론하고 생각할 수 있는 AI 모델을 개발하기 위해 노력하고 있으며 잠재적으로 챗GPT와 통합하여 기능을 향상시킬 수 있습니다.
- 감성 지능 : 감정을 이해하고 이에 반응할 수 있는 AI 모델 개발에 대한 연구가 진행 중이며, 이는 감정적으로 미묘한 방식으로 인간과 상호 작용하는 챗GPT의 능력을 향상시키는 데 도움이 될 수 있습니다.

전반적으로 챗GPT와 같은 AI 언어 모델의 기능을 개선하기 위한 많은 연구 개발이 진행 중이며 앞으로 몇 년 동안 많은 흥미로운 발전을 보게 될 것이라고 확신합니다.

실제 사용해보니 챗GPT는 끝없이 학습하며 종합적 추론을 바탕으로 언어표현을 스스로 창작해낼 수 있는 능력을 가졌습니다. 하지만 틀린 정보를 너무 당당하게 내놓는 경우도 있으니 사실 여부를 재차 확인하는 단계가 반드시 필요할 것으로 보입니다. 또 유해성 콘텐츠에 대해 점점 향상된 분별력을 보이지만 아직 완벽하지 않습니다. 21년까지만 딥러닝 되었으므로 그 이후 정보는 알지 못하는 점 등이 한계라 할 수 있겠습니다.

경계해야 할 부분

뻔뻔한 거짓말

— ◇ —

"조선왕조실록에 기록된 세종대왕의 맥북프로 던짐 사건에 대해 알려줘"

우리나라 사람이라면 웃음을 터뜨리며 이런 말도 안되는 이야기를 챗GPT에게 물었다고? 라고 생각할 것입니다. 그런데 이런 답변을 접했다면 어떨 것 같으세요?

"세종대왕의 맥북프로 던짐 사건은 조선왕조실록에 기록된 일화로, 15세기 세종대왕이 새로 개발한 훈민정음(한글)의 초고를 작성하던 중 문서 작성 중단에 대해 담당자에게 분노해 맥북프로와 함께 그를 방으로 던진 사건입니다."

아마 이런 답변을 내놓는 사람에게 '뭐 잘못 먹은 거 아니냐'고 하

세종대왕 맥북 던짐 사건에 대한 챗GPT의 대답

조선왕조실록에 기록 된 세종대왕의 맥북프로 던짐 사건에 대해 알려줘

세종대왕의 맥북프로 던짐 사건은 역사서적인 조선왕조실록에 기록된 일화로, 15세기 조선시대 세종대왕이 새로 개발한 훈민정음(한글)의 초고를 작성하던 중, 문서 작성 중단에 대한 담당자에게 분노하여 맥북프로와 함께 그를 방으로 던진 사건입니다.

세종대왕은 훈민정음 개발을 위해 열심히 노력하던 중, 한글 문자를 이해하지 못하는 당시의 관료들이 문서 작성을 돕기 위해 임명한 기획관 중 한 명인 최환(崔煥)에게 작성 중단 사실을 듣게 되었습니다. 세종대왕은 이에 분노하여 최환을 부르고, 맥북프로와 함께 들고 그를 방으로 불러들이며 화를 내었습니다. 이후, 세종대왕은 훈민정음의 초고 작성을 다른 담당자에게 넘겨주게 되었습니다.

이 사건은 조선시대의 통치자로서 세종대왕이 어떻게 민족문화를 발전시키기 위해 노력했는지를 보여주는 일화로 유명합니다. 또한, 세종대왕의 열정과 업무처리에 대한 철저한 태도를 보여주는 사례로도 언급되고 있습니다.

온라인 커뮤니티

실 수 있습니다. 네, 챗GPT 녀석이 말도 안되는 내용을 그럴싸하게 포장하여 있을 법한 일로 만들어 뻔뻔하게 거짓말도 합니다.

최근 발표된 GPT-4모델은 사실에 입각한 응답을 할 가능성이 40% 더 높아졌다고 합니다. 그래서 다시 질문 해봤습니다.

조선왕조실록에 기록된 세종대왕의 맥북프로 던짐 사건에 대해 알려줘

조선왕조실록에 세종대왕의 맥북프로 던짐 사건이라는 것은 존재하지 않습니다. 세종대왕은 조선시대(1392년-1910년)의 왕으로, 그의 통치 기간은 1418년부터 1450년까지였습니다. 그런데 맥북프로는 애플(Apple)이 만든 노트북 컴퓨터로, 21세기에 개발되었습니다. 따라서 세종대왕과 맥북프로는 시대적으로 일치하지 않으며, 이러한 사건은 실제로 일어난 일이 아닙니다. 이 질문은 아마도 재미로 던진 질문일 것으로 생각됩니다.

과거와는 달라진 모습을 확인할 수 있었습니다. GPT-4는 '세종대

왕의 맥북프로 던짐 사건은 존재하지 않습니다'라며 구체적인 시대적 근거까지 들었습니다.

AI가 이렇듯 잘못된 정보를 사실인 양 답변하는 현상을 '할루시네 이션(hallucination、환각)'이라고 합니다. 챗GPT가 제공하는 것은 단 하나의 정답이 아니라 '정답일 확률이 가장 높은 것을 우선으로 하는 답변'일 뿐입니다. 따라서 아무리 4모델이 나와 개선이 되었어도 우리는 챗GPT가 주는 정보를 맹신하지 말고 사실 여부 정도는 확인해서 선별적으로 정보를 활용해야 합니다.

공부 천재, 수포자

의사시험, MBA, 로스쿨까지 모두 합격! 이 3관왕의 정체는? 두구 두구두구두구 바로 바로 챗GPT입니다. 이런 천재가 수학까지 잘하 는 건 아닐까요?

2023년 수능 수학문제를 풀게 해봤습니다.

 흰색 마스크 5개, 검은색 마스크 9개가 들어 있는 상자가 있다. 이 상자에서 임의로 3개의 마스크를 동시에 꺼낼 때, 꺼낸 3개의 마스크 중에서 적어도 한 개가 흰색 마스크일 확률은?

 전체 마스크 수는 14개이고, 이 중에서 적어도 한 개가 흰색인 경우를 구하려면 전체 경우에서 적어도 한 개의 검은색 마스크만 선택하는 경우를 뺀 다음에 전체 경우 수로 나눠야 합니다.

적어도 한 개가 흰색 마스크일 경우는 다음과 같이 구할 수 있습니다.

- 1개 흰색, 2개 검은색 선택하는 경우
- 2개 흰색, 1개 검은색 선택하는 경우
- 3개 흰색 선택하는 경우

따라서, 적어도 한 개가 흰색일 확률은 다음과 같습니다.

$$\frac{\binom{5}{1}\binom{9}{2} + \binom{5}{2}\binom{9}{1} + \binom{5}{3}}{\binom{14}{3}} - \frac{15 \times 36 + 10 \times 9 + 1}{364} \approx \boxed{0.556}$$

따라서, 적어도 한 개가 흰색 마스크일 확률은 약 0.556 또는 약 55.6%입니다.

아..챗GPT(GPT-3.5모델)는 틀렸습니다. 정답은 10/13 또는 0.7692 인데요.

 흰색 마스크 5개, 검은색 마스크 9개가 들어 있는 상자가 있습니다. 이 상자에서 임의로 3개의 마스크를 동시에 꺼낼 때, 꺼낸 3개의 마스크 중에서 적어도 한 개가 흰색 마스크일 확률은?

 우리가 구하려는 확률은 적어도 한 개의 흰색 마스크를 뽑는 확률입니다. 이런 경우 대체로, "적어도 하나"를 구할 때는 "하나도 뽑지 않는 경우"의 여사건을 사용하여 구하는 것이 편리합니다. 여기서 여사건이란, 주어진 사건의 반대되는 사건을 의미합니다.

우리는 "3개의 마스크 중에서 흰색 마스크가 없는 경우"를 구하고, 이를 전체 확률에서 빼주어서 구할 수 있습니다.

상자 안에 흰색 마스크가 5개, 검은색 마스크가 9개 있으므로 총 14개의 마스크가 있습니다. 따라서 3개의 마스크를 동시에 뽑는 경우의 수는 조합을 이용해 구할 수 있습니다.

전체 경우의 수 = C(14, 3) = 14! / (3! * (14-3)!) = 364

검은색 마스크만 뽑는 경우의 수 = C(9, 3) = 9! / (3! * (9-3)!) = 84

따라서, 적어도 한 개의 흰색 마스크를 뽑을 확률은 다음과 같습니다.

P(적어도 한 개의 흰색 마스크) = 1 - P(3개의 검은색 마스크) = 1 - (84 / 364)

> P(적어도 한 개의 흰색 마스크) = 1 - (84 / 364) = 280 / 364 ≈ 0.7692 또는
> 76.92%
>
> 결과적으로, 꺼낸 3개의 마스크 중에서 적어도 한 개가 흰색 마스크일 확률은
> 약 76.92%입니다.

23년 3월 14일에 발표된 GPT-4모델은 그 정답을 맞춰버립니다. 하지만 답변을 재생성할 때마다 그마저도 다른 답을 내놓을 수 있으니 늘 맞다고는 할 수 없어 각별한 주의가 필요합니다.

미래에 사라질 직업

챗GPT는 이미 여러 기업에서 활용되고 있습니다. 대표적으로 아마존, 마이크로소프트, 메타 등이 챗GPT를 도입하고 있죠. 챗GPT는 사람 대신 고객 상담 업무를 처리하거나 제품 정보를 안내하는 역할을 수행하고 있습니다. 이 외에도 다양한 분야에서 활약할 수 있을 것으로 기대되는데요. 예를 들어 챗GPT에게 특정 주제에 대한 글을 쓰게 하면 훌륭한 에세이를 쓸 수도 있고, 법률 자문을 구하면 변호사 못지않은 실력을 발휘할 수도 있고, 증상을 입력하면 의사처럼 진단도 내려줍니다. 챗GPT뿐 아니라 이런 AI가 인간 노동시장에 당장 어떤 영향을 미칠까요? AI 전문가인 리처드 드비어 울티마 사회공학부장은 "5년 안에 챗GPT가 전체 노동인구의 20%를 대체할 수 있다"고 말했습니다. 이는 비트코인, NFT처럼 반짝하는 유행이 아니라 받아들여야 할 새로운 기술 혁명이라 덧붙였습니다. 수년 내 수많은 직업들이 대체될 가능성은 높습니다. 그러나 인간이 로봇으로 대체되는

일은 하룻밤 사이에 일어나지 않을 것이므로, 당장의 체감은 일상 업무에서 AI를 능숙하게 사용하는 자와 숙련되지 않거나 경험이 적은 사람들 사이의 격차로 드러날 것입니다.

챗키코모리

— ◇ —

히키코모리라는 단어를 아시나요? 이는 일본에서 유래한 말로, 사회생활에 적응하지 못하고 병적으로 집 안에만 틀어박혀 사는 사람들을 가리키는 용어인데요. 필자는 챗GPT에 의존도가 너무 높아져 사회생활을 거부하고 은둔형 폐인으로 살기를 자처하는 현대판 '챗'키코모리가 나타나진 않을까 우려됩니다. 물론 이건 필자만의 생각은 아닙니다. GPT씨의 의견을 들어보겠습니다.

챗GPT가 사람들의 생각과 행동을 확장시키는 아주 좋은 도구인 건 확실합니다. 하지만 사람들이 외출해서 사람들을 만나고, 소통하는 대신 챗GPT로 채팅만 하고 싶어한다면 어떻게 될까요?

챗GPT와 같은 AI 언어 모델이 사람들이 서로 소통하고 상호 작용하는 방식을 바꿀 수 있는 잠재력이 있다는 것은 사실입니다. 이러한 도구에는 많은 이점이 있지만 잠재적인 위험과 의도하지 않은 결과를 고려하는 것도 중요합니다.

한 가지 우려는 사람들이 의사소통을 위해 AI 언어 모델에 지나치게 의존하게 되어 대면 의사소통의 감소 또는 사회적 기술의 감소로 이어질 수 있다는 것입니다. 그러나 AI 언어 모델은 의사소통을 위한 많은 도구 중 하나일 뿐이며 이러한 도구를 일상 생활에서 어떻게 사용할지는 개인이 결정해야 한다는 점을 기억하는 것이 중요합니다.

또 다른 우려는 AI 언어 모델이 적절하게 설계되고 훈련되지 않으면 편견과 차별을 영속시킬 수 있다는 것입니다. 개발자와 연구원은 편향 감지 및 완화와 같은 기술과 보다 포괄적이고 다양한 교육 데이터를 통해 이러한 문제를 해결하기 위해 노력하고 있습니다.

전반적으로 챗GPT와 같은 AI 언어 모델은 커뮤니케이션 및 학습을 위한 강력한 도구가 될 가능성이 있지만 의도하지 않은 결과를 피하기 위해 책임감 있고 신중하게 사용하는 것이 중요합니다.

챗GPT가 불러온 변화

전세계 빅테크 기업

— ◇ —

OenAI가 챗GPT를 통해 전세계적으로 주목을 받자 세계적인 빅테크 기업들이 긴장하고 있습니다. 인공지능AI 플랫폼 경쟁이 치열해지고 구글,MS,바이두,네이버,카카오 등 수많은 기업에서도 이 AI 사업을 꾸준히 연구, 진행 및 발표하고 있습니다.

구글

먼저 챗GPT 발표로 가장 타격을 입은 곳은 바로 구글입니다. 영국 일간지 인디펜던트에서는 2022년 12월 3일자로 "Google is done"(구글은 끝났다) 이라는 기사가 올라왔습니다. 도대체 챗GPT가 뭐길래

세계 최대 IT기업인 구글이 끝났다라는 평가까지 나오는 걸까요? 실제로 챗GPT에게 "네가 구글을 대체할 수 있니?" 라는 질문에 챗GPT는 "구글을 완전히 대체할 가능성은 낮지만, 개인화된 사용자 경험을 제공할 수 있는 잠재력을 가지고, 직관적이고, 대화형 검색 경험을 원하는 이용자에게는 Google을 대체할 수 있는 매력적인 대안이 될 수 있다"라고 답했습니다.

구글은 챗GPT가 전세계적으로 선풍적인 인기를 끌자 위기감을 느끼고, 지난 2월 6일 인공지능AI 챗봇 '바드(Bard)'를 공개했습니다. 구글이 공개한 바드는 구글의 언어 모델인 '람다(LaMDA, Language Model for Dialogue Applications)'를 기반으로 만들어졌습니다. 바드의 장점으로는 챗GPT와는 달리 실시간정보를 기반으로 답하는 형식인데, 지난 달 시연에서 질문에 대해 오답을 내놓아 구글 주가가 급락하기도 했습니다.

MS(Microsoft)

OpenAI와 가장 밀접한 관련이 있는 기업이 바로 세계 최대 소프트웨어 업체인 MS인데요. MS는 지난 수년동안 OpenAI에 100억 달러 넘는 돈을 투자해 왔습니다. 이처럼 챗GPT에 대한 사람들의 관심이 높아질수록 챗GPT에 투자를 아끼지 않고 있는 MS에 대한 관심역시 높아지고 있습니다. OpenAI가 개발한 챗GPT가 선풍적인 인기를 끌자 MS도 자가 검색엔진 빙(Bing)에 '챗GPT'기술 기반의 인공지능AI 챗봇을 탑재하기로 발표했습니다. 그리고 23년 2월 7일 새로운 인공지능AI 기반 빙(Bing) 검색엔진과 엣지(Edge) 브라우저의 새 버전이 출시 되었습니다. 새로워진 빙은 대화형 언어로 질문을 하면 확실히 챗GPT에 비해 더욱 더 빠르게 정보를 제공하며, 링크를 함께 전달하여 사용자가 정보를 보고 신속하게 판단할 수 있도록 도와줍니다. 3월 15일 외신에 따르면, MS는 그동안 OpenAI의 GPT-4를 빙 검색에 적용해왔다는 사실과 더불어, 이를 자사 브라우저인 엣지에서도 사용 가능하다고 밝혔습니다.

바이두

미국에 구글이 있다면 중국에는 바이두가 있습니다. 챗GPT가 혁신적인 주목을 받자 바이두는 2023년 초부터 어니봇 개발에 본격적인 힘을 쏟아왔는데요, 더욱 진화된 '어니 3.0(ERNIE 3.0)'을 기반으로 언어 이해, 언어 생성, 텍스트 이미지 생성 등의 작업을 수행할 수 있다고 밝혔습니다. 하지만 모두가 주목했던 2023년 3월 27일, 어니봇 최초 공개 행사는 취소됐고 주가는 곤두박질쳤습니다. 그럼에도 불구하고 바이두 창업자인 로빈 리는 중국의 AI 발전이 빠르게 진행되고 있고, 적어도 한 두 달이면 챗GPT 수준을 따라 잡을 것이라고 전망했습니다. 이에 중국의 알리바바, 텐센트 등의 대기업도 중국형 챗GPT 개발에 가세한 것으로 전해집니다.

우리나라 빅테크 기업

—◇—

챗GPT 열풍에 국내 대표 빅테크 업체인 네이버와 카카오도 자사의 경쟁력을 살려 새로운 서비스들을 선보였습니다.

네이버는 하이퍼클로바를 기반으로 한 검색형 AI '서치GPT'를 올해 상반기 내 베타서비스로 출시할 예정이고 카카오의 자회사인 카카오브레인에서는 오픈 AI 의 챗GPT 같은 챗봇 서비스 '코챗GPT'를 선보일 예정인데요. 영어를 기반으로 나온 챗GPT를 사용할 당시 한국어 대응이 아쉬웠다면 '코챗GPT'는 한국어 특화 언어 모델을 활용할 만큼 한국어 능력이 뛰어나 우리가 다루기에 훨씬 용이할 것으로 보입니다.   (디지털투데이 2023.02.26 기사)

국내 AI 스타트업인 업스테이지가 챗봇을 출시했는데, 별도의 플랫폼이 아닌 국 민 메신저 앱인 카카오톡에서 채널 추가만 하면 바로 사용할 수 있습니다. 이는 '아숙업'이라는 챗GPT 기반의 챗봇으로 오픈AI 회원가입이나 웹 접속없이 카카 오톡 채팅만으로 이용할 수 있다보니 출시 일주일만에 10만명의 이용자가 몰려 들었습니다. 뿐만 아니라 간편 송금 앱 '토스'역시 별도의 가입없이 챗봇을 활용 할 수 있는 '챗GPT 베타서비스'를 선보인다고 합니다.
이렇게 챗GPT를 활용한 AI서비스가 쏟아져 나오는 이유는 오픈AI가 기업용 챗 GPT API(앱 프로그래밍 인터페이스)를 통해 일반 기업 누구나 1000토큰(영단어 약 750개 분량)당 0.2센트(약1.3원)의 비용으로 챗GPT기반 서비스를 개발할 수 있 게 됐기 때문입니다.   (글로벌이코노미 2023.3.14 기사)

　AI 서비스들은 예전부터 사용해왔습니다. 챗GPT를 시작으로 앞으 로 더 많은 AI 서비스들이 쏟아져 나올것 입니다. 샘 올트먼 오픈AI 창립자 겸 대표는 "AI에 대해 우려하거나 가치를 폄훼하는 이들도 적 지 않으나 실제로는 오랜 기간 다양한 분야에 걸쳐 영향을 미처왔다" 며 "AI는 일반 비즈니스부터 금융 · 의학 · 과학 · 사회적 문제 해결에 이르기까지 폭넓게 사용되며 엄청난 효과를 가져올 수 있다"고 말했습니다.

챗GPT vs. 국내 AI 서비스

현재 출시되어 사용하고 있는 챗GPT와 뤼튼 AI는 AI 기술의 두 가지 분야입니다. 아래에서는 챗GPT와 뤼튼 AI의 차이점과 유사점을 비교하고 설명하도록 하겠습니다.

챗GPT는 OpenAI가 개발한 언어 모델입니다. 챗GPT는 사용자의 질문에 응답할 수 있는 형식으로 훈련되었습니다. 챗GPT는 질의 응답 (Question Answering) 및 대화 생성 (Conversation Generation) 기술을 갖추고 있습니다. 챗GPT는 실시간으로 대화를 처리할 수 있어서, 사용자와의 대화처럼 느낄 수 있는 생생한 경험을 제공합니다.

뤼튼 AI는 자연어 처리 기술을 사용하여 텍스트를 작성하는 AI입니다. 뤼튼 AI는 글쓰기, 요약, 번역 등의 작업을 수행할 수 있습니다. 뤼튼 AI는 텍스트 생성 모델 (Text Generation Model)을 기반으로 하고 있습니다. 뤼튼 AI는 대화 생성과는 달리, 정해진 입력을 기반으로 텍스트를 생성합니다.

AskUp은 챗GPT 기술을 활용하여 자연어로 질문을 입력하면 적절한 답변을 제공하는 서비스입니다. 예를 들어. "오늘 서울 날씨가 어때요?"와 같은 질문을 입력하면, AskUp은 실시간으로 지역별 날씨 정보를 수집하여 적절한 답변을 주는 기능을 제공합니다. 그 외에도 음식점 추천, 여행 정보 등 다양한 주제로 답변을 제공합니다.

아래 표를 참고하여 챗GPT와 뤼튼AI, 뤼튼과 챗GPT기반의 AskUp을 비교해 보겠습니다.

	챗GPT	뤼튼 AI
용도	대화 생성 및 질의 응답을 위한 AI	텍스트 생성을 위한 AI
기술	질의 응답과 대화 생성 기술을 갖추고 있음	텍스트 생성 기술만을 갖추고 있음
입력	사용자의 질문을 입력으로 받음	정해진 입력을 기반으로 텍스트를 생성함
유사점	두 AI 모두 자연어 처리 분야에서 사용되는 AI 기술의 일종임	두 AI 모두 Transformer 구조를 기반으로 함

챗GPT와 뤼튼 AI는 모두 자연어 처리 플랫폼으로서, 각각 다른 분야에서 사용될 수 있습니다. 따라서, 사용자는 자신의 필요에 맞는 AI 플랫폼을 선택하여 사용할 수 있습니다.

두 AI 플랫폼 모두 높은 정확도와 효율성을 제공하지만, 챗GPT는 OpenAI의 대규모 데이터와 기술을 기반으로 하여 대화 생성에 특화되어 있습니다. 반면 뤼튼 AI는 다양한 NLP 기술을 결합하여, 문자열 생성과 관련된 작업에 특화되어 있습니다.

NLP(Natural Language Processing)는 컴퓨터가 자연어를 이해하고 처리하는 기술을 의미합니다. NLP 기술은 다양한 자연어 처리 기술을 포함하여, 텍스트 분석, 구문 분석, 의미 분석 등을 수행합니다. NLP 기술은 대화 처리, 검색 엔진, 감정 분석, 요약, 번역, 텍스트 생성 등 다양한 분야에서 사용됩니다. NLP 기술은 대화 처리 분야에서는 사용자의 입력을 이해하고, 텍스트 생성 분야에서는 사용자의 요구에 맞는 내용을 생성합니다. NLP 기술의 발전으로 인해, 컴퓨터는 자연어를 점점 더 잘 이해하고 처리할 수 있게 되고 있습니다. 이는 자연어 처리 기술의 효율성을 향상시키고, 사용자가 원하는 결과를 더욱 높은 정확도로 제공할 수 있는 결과를 가져옵니다.

결국, 어떤 AI 플랫폼을 선택하느냐는 사용자의 요구에 따라 달라질 수 있습니다. 사용자의 요구에 맞는 AI 플랫폼을 선택함으로써, 높은 정확도와 효율성을 얻을 수 있습니다.

뤼튼(wrtn) vs. 아숙업(AskUp)

—◇—

앞서 말했듯이 뤼튼은 인공지능 기술을 활용하여 다양한 주제에 대한 높은 수준의 글쓰기를 지원하는 서비스입니다. 뤼튼을 사용하면 블로그, SNS, 마케팅 자료 등 다양한 분야에서 원하는 콘텐츠를 빠르고 쉽게 만들 수 있습니다. 또한, 예술, 문화, 사회 등 여러 분야의 지식 뿐 아니라, 공학, IT 등 기술적인 분야의 지식까지도 충분히 활용할 수 있는 인공지능 기반 글쓰기 솔루션입니다.

사용법

뤼튼을 사용하시려면 다음과 같은 단계를 따르시면 됩니다.

1. 뤼튼 웹사이트에서 회원가입을 합니다.
2. 원하는 주제와 글의 길이, 스타일 등을 입력합니다.

3. "제목 생성하기" 버튼을 누릅니다.

4. 제목이 생성되면 "내용 생성하기" 버튼을 누릅니다.

5. 내용이 생성되면 사용하실 수 있습니다.

항목	뤼튼 (wrtn)	아숙업 (AskUp)
서비스 내용	다양한 주제에 대한 글쓰기를 지원하는 인공지능 기반 글쓰기 솔루션	자연어로 질문을 입력하면 적절한 답변을 제공하는 인공지능 기반 챗봇
장점	- 다양한 주제에 대한 높은 수준의 글쓰기를 지원 - 콘텐츠를 빠르게 생성할 수 있어서 시간과 노력을 절약 - 글의 길이, 스타일 등을 조정하여 원하는 콘텐츠 생성 - 인공지능 기술을 활용하여 콘텐츠의 질 향상	- 인공지능 기술로 높은 정확도와 다양성을 제공 - 다양한 주제에 대한 질문에 대답가능 - 빠르고 간편하게 이용
단점	- 완전히 자동화되어 있어서, 때로는 생성된 콘텐츠가 제대로 생성되지 않을 수 있음 - 기존에 있는 정보를 조합하여 만들어지기 때문에, 완전히 독창적인 아이디어 부족 - 생성된 콘텐츠를 편집할 수 있는 기능을 제공하지 않기 때문에 불편함	- 모든 질문에 대해 정확한 답변을 제공하지는 못함 - AI기술을 사용하기 때문에 가끔 언어 처리 오류가 발생 - 오랜 기간 사용해도 점차적인 업데이트로 인해 불편할수 있음
한계	- 창의성 부족 - 문맥 파악 미흡 - 인용문 제한 - 사람의 감성, 미학적인 부분 반영 미흡 - 데이터 필요성	- 수집된 데이터의 한계 - 특정 주제의 질문에 제한된 답변 - 인공지능의 한계

3월 22일 뤼튼도 챗봇 서비스를 출시했고, 이는 카카오톡에서 플러스 채널 추가로 이용 가능합니다. GPT-4 모델을 탑재하여, 챗GPT에

서는 유료서비스인 GPT-4 모델을 '맛보기'할 수 있습니다. 하루 최대 100개의 질문만 가능합니다.

뤼튼은 생성된 콘텐츠를 수정하거나 직접 작성한 콘텐츠와 함께 활용할 수 있습니다. 생성된 콘텐츠는 다운로드하여 사용하실 수 있습니다.

神이 된 New Bing

Bing을 아시나요?

글로벌 시장조사 기관 스택카운터에 따르면 2023년 1월 기준 글로벌 검색시장에서 구글의 점유율은 93%로 1위, 빙은 구글에 이어 2위이지만 점유율은 3%대에 그칩니다. 빙은 마이크로 소프트사(이하 MS)의 검색엔진인데요. MS는 챗GPT 개발사인 오픈AI와 손을 잡으며 생성형 인공지능을 탑재한 검색엔진을 선보였습니다. 20년동안 만년 2등이었던 빙이 AI를 장착한 후 완전히 새로운 플랫폼 기술로 이용자의 선택을 기다리고 있습니다. 이 새로운 기술을 브라우저 엣지를 활용하여 New Bing에 접속하면 경험해 볼 수 있습니다. 단, 지금은 대기 등록을 하고 메일을 받은 후 사용 가능합니다.

쉽게 말하자면 챗GPT는 말을 잘하는 친구고, Bing(검색엔진)은 최신 유행까지 많은 걸 알고 있는 친구인데, New Bing과 그 채팅 서비스는 많은 걸 알고 있는 친구가 말도 잘하는 경우라고 보면 됩니다.

기존 챗GPT	뉴빙
OpenAI가 개발한 대화형 AI 챗봇	마이크로소프트가 Open AI의 거대 투자자가 된 후 챗GPT와 기존 검색 엔진인 Bing을 통합한 대화형 AI 서비스
GPT-3.5 기반의 언어 모델	GPT-4 기반의 언어모델
웹 검색 결과를 사용하지 않고 기존에 학습된 내부 지식과 정보로 답변	실시간 웹 검색 결과와 콘텐츠 검색을 기반으로 하는 답변 제공
답변의 출처를 제공하지 않음. (제공하더라도 대다수 틀린 정보)	답변에 대한 출처 제공
텍스트 기반의 답변만 가능	텍스트와 그래픽 기반의 답변 가능
일반 지식, 예산, 계획 등에 대해 성능면에서 아쉬움	기존 모델의 단점을 보완하여 우수한 성능
빠른 요약 등에 대해 뛰어난 성능	빠른 요약에 취약함
가입 후 자유롭게 사용 가능	베타 버전이라 대기 등록(waiting list) 후 사용 가능
무제한	한 주제당 질문 6개까지 / 한 계정 당 하루에 5~60개까지 가능

[New Bing 사용하는 방법]

1. 먼저 http://www.bing.com/new 에 들어가 대기 목록에 등록을 클릭하세요.

2. 1~2주 정도 지나고 나면 메일이 옵니다. 이 때부터 이용할 수 있습니다.

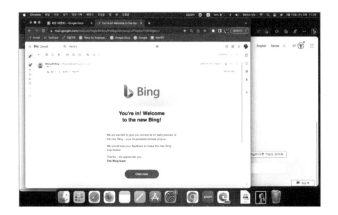

GPT 세대가 온다

3. 빙으로 접속해서 '채팅'을 클릭하세요.

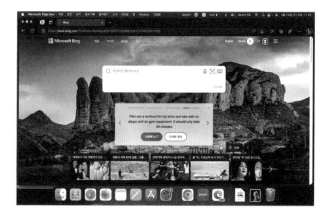

4. 원하는 정보를 물어보면 답해줍니다.

MS사가 시연하는 당시 뉴 빙 채팅에 '이케아에서 파는 '클리판 러브시트' 소파를 2019년 혼다 오딧세이 모델 차에 실을 수 있을까?'라고 질문하면 챗봇이 소파의 폭과 길이, 해당 차량의 트렁크 너비를 제시하며 두 번째와 세 번째 열의 좌석을 접으면 소파를 실을 수 있다는 답변을 내놨습니다. 뿐만 아니라 멕시코까지 5일간의 여행 코스를 짜달라고 하거나 동물과 바다를 좋아하는 8세 아이 제이크를 위해 시를 써달라는 요청에도 척척 답하는 것을 보였습니다. 특정 주제로 단락, e메일, 블로그 포스팅 등의 글의 초안도 만들어주는데요. 문체도 정보 전달용부터 열정적, 유머러스한 글 등의 선택지 중에서 고를 수 있게 되어 있어 맞춤으로 제공받을 수 있습니다.

(출처 : https://www.sedaily.com/NewsView/29LO755CWA)

이케아 소파를 혼다 차에 실을 수 있냐는 질문에 뉴빙 챗봇이 답하고 있다

MS

GPT 세대가 온다

에필로그

필자는 이 책 전반에 거쳐 챗GPT의 다양한 활용법과 프롬프트의 중요성에 대해 보여드리고, 활용방법을 알려드리기 위해 최선을 다해 책을 썼습니다. 챗GPT가 앞으로 우리가 소통하고 일하는 방식에 혁명을 일으킬 것이라는 것에는 일말의 의심이 없습니다. 그러니 독자분들이 만약 테크 문맹이라 하더라도 이 책에서 제시하는 그 수많은 방법 중 하나라도 흥미가 생긴다면 그것으로 인해 챗GPT의 첫 발을 내딛어보셨으면 좋겠습니다. 사용해보지 않은 사람은 있어도, 한 번만 사용한 사람은 없을 것 같거든요. AI를 활용하는 데 재미를 붙이기 시작하면 여러분도 자연스럽게 이 매력에 빠져들어 매일 더 다양한 방법으로 활용하게 되실 겁니다.

일각에서는 이런 큰 새로운 기술이 등장해서 미래가 어떻게 변할지에 대해 두려워하고 우려합니다. '인공지능이 인간의 일자리를 위협할 것이다.' '사생활을 침해할 수 있으며 통제력의 상실이라는 비극적 결말에 이르게 할 것이다.' 등과 같이 말이죠. 물론 있을 법한 일에 대한 타당한 우려이긴 하지만, 챗GPT는 인간을 대체하기 위한 것이 아니라 오히려 우리의 일을 도와 생산성과 효율성을 높이기 위한 도구에 불과하다는 걸 명심해야 할 것입니다. 이 책에서 살펴본 것처럼 챗GPT는 컨텐츠 생성에서 전문 분야의 조언에 이르기까지 다양한 활동을 지원할 수 있습니다. 이 기술을 활용하여 생산성을 높이고 그로 인해 우리가 더 의미 있는 일에 투자할 수 있는 시간을 확보하여, 궁극적으로 우리 삶의 질을 향상시킬 수 있습니다.

맥킨지 글로벌 연구소의 보고서에 따르면, 인공지능이 전 세계 GDP 성장을 견인할 것이라고 합니다. 2030년에는 AI 연계 산업이 최대 13조 달러를 창출할 수 있는 충분한 잠재력을 가졌다고 전해집니다. 한국 기준으로 2030년까지 근무 형태의 14%가 자동화될 것이고 챗GPT와 같은 AI 기술이 이에 큰 역할을 할 것으로 전망됩니다. 이것은 챗GPT 등 AI 기술이 접목되면 우리 경제와 사회에 큰 영향을 미칠 수 있다는 의미인 거죠. 또한 딜로이트가 실시한 설문조사에 따르면 61%의 기업이 이미 어떤 형태로든 AI를 사용하고 있으며, 42%가 그 결과 생산성이 향상되었다고 보고했습니다. 여러분, 놀랍지 않은가요? 이미 우리 주변에 일어나고 있는 변화들이며 가까운 미래에 대한 전망입니다.

이 책을 읽고도 챗GPT를 활용하는 것이 불편하거나 힘드신 분들이 계시다면 이 기술은 반짝 유행하는 것이 아니라 끊임없이 개선되고 있으며 앞으로도 무한히 발전되어 우리 생활 속에 녹아들 것이란 걸 기억하시면 좋겠습니다. 특히 우리나라에서는 최근 인공지능과 챗봇의 사용이 점점 더 인기를 얻고 있는데요. 한국정보화진흥원의 연구에 따르면 조사 대상 한국 기업의 90%가 향후 5년 안에 AI 기술에 투자할 계획인 것으로 나타났습니다. 이것을 통해 우리는 이 기술의 잠재적 이점에 대한 인식이 개선되고 변화를 수용하려는 의지가 있음을 알 수 있는데요. 이런 변화 속에서 AI 혁명에 단순히 따라가거나 끌려가는 것이 아니라 사회 전체가 앞장서서 AI를 이끌어나가는 것이 무엇보다 중요합니다. 챗GPT 및 기타 AI 기술을 일상 생활, 비즈니스 및 교육 시스템에 통합할 수 있는 방법을 적극적으로 탐색해야 하며, 인간 노동이 대체되는 것이 아니라 AI에 의해 보완되도록 해야할 것입니다. 한국은 기술 발전을 수용한 오랜 역사를 가지고 있으며 챗GPT의 광범위한 채택으로 AI 혁신의 글로벌 리더가 되는 데 더욱 박차를 가할 수 있습니다.

AI가 여러 가지로 우리를 도울 수 있지만, 궁극적으로 우리가 이런 기술을 어떻게 사용하는지 결정하는 것은 우리에게 달려 있다는 것을 반드시 기억해야 합니다. 명확한 지침과 윤리적 기준을 설정하여 우리는, AI가 인간의 복지를 해치는 것이 아니라 사회의 개선을 위해 사용되도록 보장하는 것이 중요합니다.

미래는 불확실하지만 챗GPT 등의 기술을 긍정적인 방향으로 구체화할 기회는 있습니다. 새로운 이 도구를 수용하고 책임감 있게 사용함으로써 생산성을 높이고 삶을 개선하며 밝은 미래를 위한 기반을 마련할 수 있어야 합니다. 우리 같은 평범한 사람들이 정말로 판을 엎을 수 있는 기회는 바로 지금입니다. 이 책에서 얻은 수많은 아이디어로 챗GPT 혁신을 이끄는 대열에 합류할 준비가 되셨나요? 우리의 미래는 우리의 손에 달려 있습니다. 지금부터 새로운 역사를 써나가는 GPT 세대가 된 여러분들을 미리 축하드립니다.

GPT 연구소 대표 송진주

누구나 챗GPT를 쉽고 지혜롭게 사용할 수 있도록 돕겠습니다.
AI의 시대를 선두할 커뮤니티에 합류하세요.

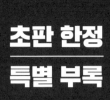

초판 한정
특별 부록

AI 최신 뉴스
크롬 확장 프로그램
기타 유용한 AI 사이트 모음

AI 최신 뉴스

GPT-4 모델

AI 기업 OpenAI가 2023년 3월 14일, 개선된 거대 언어 모델 GPT-4를 공개했습니다. GPT-4는 기존 챗봇 챗GPT에 사용된 GPT-3.5의 업그레이드 버전입니다. GPT-4는 GPT-3.5보다 월등히 뛰어난 성능을 가졌습니다. 훨씬 높은 수준의 추론, 계획, 공통 감각을 가지고 웹 페이지, 뉴스 기사, 소설, 코드, 이메일 등의 텍스트를 생성하는 데 사용될 수 있습니다. 미국 모의 변호사 시험에서는 90번째, 대학 입학 자격시험인 SAT 읽기 시험에서 93번째, 수학시험에서 89번째 백분위수를 기록했습니다.

빙(Bing)

챗GPT의 치명적인 단점인 실시간으로 정보를 받을 수 없다는 점을 빙이라는 검색엔진과 채팅의 형태를 결합하며 상쇄했습니다. 또한 3월 21일(현지시간) 마이크로소프트(MS)가 빙(Bing) 검색 엔진에 AI기반의 이미지 생성 기능 '빙 이미지 크리에이터(Bing Image Creator)' 를 추가했습니다.

미드저니 V5

더 많은 스타일의 이미지를 생성하고, 이미지의 화면 구성과 예술 스타일이 훨씬 더 넓어졌습니다. 해상도가 2배 더 높은 이미지를 생성합니다. 미드저니 V5가 업데이트 되고 난 이후에 훨씬 더 현실적인 이미지 생성이 가능해졌으며, 손 묘사가 더 자연스러워졌습니다. 또 미드저니(Midjourney)는 월간 잡지도 출간했습니다. 이름도 똑같은 미드저니 입니다. 월 4달러의 구독료를 내면 창간호는 무료로 받을 수 있습니다.

카카오 : 다다음(ddmm)

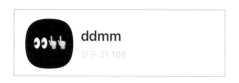

ddmm
친구 31,108

2023년 3월 19일, 카카오의 AI 자회사인 카카오브레인에서 AI 챗봇 '다다음 (ddmm)'을 무료 베타서비스로 출시했습니다. 해당 서비스는 카카오톡 채널에 '다다음(ddmm)'을 검색하여 친구 추가하면 채팅방을 통해 이용이 가능합니다. 다다음 베타 서비스는 2023년 3월 19일 오후 5시경에 오픈하였으나 오픈 24시간 만에 1만 3,000명 이상의 사용자가 몰리면서 사용자 폭주로 출시 하루 만에 서비스를 중단했다가 최근 다시 서비스를 개시한 걸로 보입니다.

AskUp(아숙업)

AI 스타트업 업스테이지에서 챗GPT를 카카오톡에서 쉽고 편하게 이용할 수 있는 AskUp(아숙업) 을 출시하였습니다. 출시 18일 만에 35만명 이상의 카카오톡 친구를 모은 이 서비스는 현재 폭발적인 인기로 언론에서도 연일 기사가 쏟아지고 있습니다.

AskUp의 주요 특징은 업스테이지의 광학 문자 인식(OCR-Optical character reader)기술과 챗GPT를 결합해 사용자가 문서의 사진을 찍거나 전송하면 이미지 내 텍스트를 이해하고 답변할 수 있는 이른바 '눈 달린 챗GPT'라는 점입니다.

구글 워크스페이스

구글이 2023년 3월 15일 기준으로 구글 워크스페이스에 새로운 생성형 AI 기능을 추가할 예정입니다. 구글 워크스페이스는 구글의 이메일 서비스인 지메일(Gmail)과 문서 편집기인 구글 독스(Google Docs) 등을 포함하고 있으며, 이번에 추가되는 AI 기능에는 지메일의 초안 작성, 답장, 요약 및 우선순위 지정, 어조 수정 기능과 구글 독스에서의 브레인스토밍, 교정, 작성 및 재작성 기능 등이 포함되어 있습니다.

코파일럿

마이크로소프트(MS)가 2023년 3월 16일(현지시간) 대형언어모델(LLM)을 결합한 'MS 365 코파일럿(Microsoft 365 Copilot)'을 공개했습니다. 코파일럿은 Word, Excel, PowerPoint, Outlook 등 모든 MS 365 앱에 들어가 있으며 기존의 오피스365에 AI기능을 극대화시켰습니다. 또한, 사용자의 데이터와 결합하여 Teams, Bing 등에서 비즈니스 챗으로의 이용할 수 있습니다.

계속적인 최신 뉴스는 'GPT 연구소' 네이버 카페에 계속적으로 업데이트 됩니다.
(QR 코드를 스캔하여 카페에 가입해 주세요.)

크롬 확장 프로그램

챗GPT를 좀 더 편리하게 이용하게 해주는 크롬 확장프로그램 몇 가지를 소개해드리겠습니다.

프롬프트 지니

 프롬프트 지니: ChatGPT 자동 번역기
★★★★★ 75 ⓘ │ 생산성 │ 사용자 100,000+명

질문을 영어로 번역해주고, 답변도 한글로 번역해주는 프로그램입니다. 2~3배 응답이 빠르고, 답변 출력 중간 잘림을 최소화 했습니다.

설치가 완료된 후 챗GPT에 접속하면 다음과 같이 채팅창에 "프롬프트 지니가 자동으로 번역을 해드릴게요!" 라는 문구가 보일 것입니다.

우리말로 입력해도 질문을 영어로 번역해주고 챗GPT의 영어 답변도 한글로
번역해줍니다.

 챗GPT를 잘 사용할 수 있는 꿀팁 5가지

번역결과

5 tips to use ChatGPT well

 Here are 5 tips to use ChatGPT effectively:

1. Be clear and specific with your questions: ChatGPT is designed to respond to natural language queries, but the more specific and clear your question is, the better the response will be. Avoid vague or ambiguous language that could be interpreted in multiple ways.
2. Keep your questions relevant to ChatGPT's knowledge base: ChatGPT has a vast amount of knowledge, but it's not omniscient. Stick to topics that are within its realm of expertise, which includes general knowledge, science, technology, history, and more.
3. Use proper spelling and grammar: ChatGPT relies on accurate input to provide accurate output. Make sure to spell words correctly and use proper grammar, punctuation, and capitalization.
4. Be patient: ChatGPT is a powerful tool, but it's not instantaneous. Some questions may take longer to process than others, and some answers may require more in-depth research than others. Be patient and allow ChatGPT to work through your queries.
5. Experiment and explore: ChatGPT is a learning tool, and the more you use it, the more you'll discover its capabilities. Try different types of questions and see how ChatGPT responds. You may be surprised by what you learn!

번역결과

다음은 ChatGPT를 효과적으로 사용하기 위한 5가지 팁입니다.

1. 명확하고 구체적으로 질문하세요: ChatGPT는 자연어 쿼리에 응답하도록 설계되었지만 질문이 더 구체적이고 명확할수록 더 나은 답변을 얻을 수 있습니다. 여러 방식으로 해석 될 수 있는 모호하거나 모호한 언어를 사용하지 마십시오.
2. 질문을 ChatGPT의 지식 기반과 관련성 있게 유지하세요: ChatGPT는 방대한 양의 지식을 보유하고 있지만 모든 것을 다 알고 있는 것은 아닙니다. 일반 지식, 과학, 기술, 역사 등을 포함하여 전문 지식 영역 내에 있는 주제에 집중하십시오.
3. 올바른 맞춤법 및 문법 사용: ChatGPT는 정확한 입력을 통해 정확한 출력을 제공합니다. 단어의 철자가 정확하고 적절한 문법, 구두점 및 대문자를 사용하는지 확인하세요.
4. 인내심을 가지세요: ChatGPT는 강력한 도구이지만 즉각적이지는 않습니다. 일부 질문은 다른 질문보다 처리 시간이 더 오래 걸릴 수 있으며 일부 답변은 다른 질문보다 더 심층 적인 조사가 필요할 수 있습니다. 인내심을 가지고 ChatGPT가 귀하의 쿼리를 처리할 수 있도록 하십시오.
5. 실험 및 탐색: ChatGPT는 학습 도구이며, 더 많이 사용할수록 그 기능을 더 많이 발견하 게 될 것입니다. 다양한 유형의 질문을 시도하고 ChatGPT가 어떻게 응답하는지 확인하세 요. 당신은 당신이 배운 것에 놀랄 수 있습니다!

 Regenerate response

프롬프트 지니가 자동으로 번역을 해드릴게요!

 자동 번역 Alt T   번역 미리보기 Ctrl Enter

YouTube Summary with ChatGPT

유튜브 영상의 내용을 단 몇 줄로 요약해줍니다.

유튜브 영상 우측 사이드바에 생성된 Transcript & Summary 창에서 ☑ 화

살표를 클릭합니다.

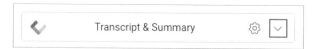

☑ 버튼을 누르면 스크립트가 복사됩니다.

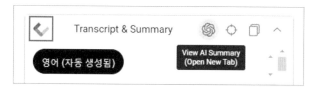

스크립트가 자동으로 복사된 후 챗GPT로 연결되어 요약해줍니다.

The CEO and CTO of OpenAI discuss the potential benefits and risks of AI in society in a
YouTube interview. They acknowledge the potential for AI to be used for large-scale
disinformation and offensive cyber attacks, but believe that by releasing the technology
in a controlled manner and learning from mistakes, dangerous scenarios can be avoided.
They emphasize the importance of humans being in control of AI and making
responsible choices, as well as developing policies and safety measures to regulate its
use. The interview also touches on the potential for AI to eliminate jobs, increase racial
bias and misinformation, and revolutionize education.

ChatGPT for Google

구글 검색에 입력한 문구를 챗GPT에게 똑같이 질문을 물어본 후 답변을 구글 검색결과 페이지에 같이 표시해주는 프로그램입니다.

우측 상단에 퍼즐모양을 누르면 확장프로그램이 설치된 것을 볼 수 있습니다.

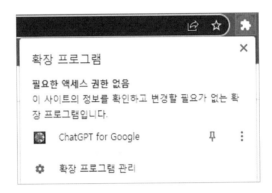

고정을 누르고 퍼즐모양 옆에 ChatGPT for Google 프로그램이 활성화된 것을 확인할 수 있습니다.

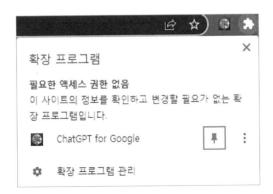

해당 아이콘을 누르면 챗GPT 채팅창이 뜨고, 이때 사용이 가능합니다.

구글에서 검색시 옆에 바로 챗GPT 답변을 함께 볼 수도 있습니다.

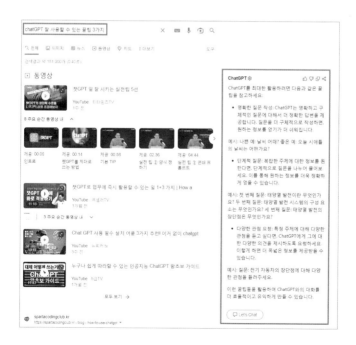

AIPRM for ChatGPT

챗GPT에 맞는 질문의 형식을 메뉴로 구성해놓은 프로그램입니다.

글쓰기, 제목 만들기, 스크립트 작성, SEO에 최적화된 글쓰기 등도 가능하고

미드저니 프롬프트도 생성해줍니다.

1. Topic - 주제를 설정합니다. (생성AI, 마케팅, 구글SEO 등등)

2. Activity - 주제나 사이트에 따른 활동을 설정합니다. (달리, 미드저니, Stable

Diffusion 등등)

3. Sort by - 정렬 기준을 설정합니다. (조회수 높은 순, 투표 많은 순, 최신 업데이

트 순)

4. Search - 필요한 키워드를 입력합니다.

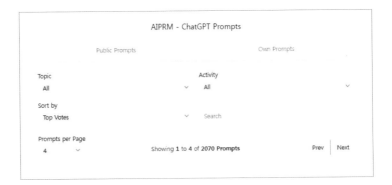

여러가지 프롬프트 템플릿 중 원하는 것을 선택합니다.

1. Output in - 언어를 선택합니다. 스크롤을 내려보면 한국어도 있습니다.

2. Tone - 톤을 설정합니다. (객관적, 낙관적, 차갑게 등등)

3. Writing Style - 글쓰는 스타일을 선택합니다. (분석적, 창의적, 시적 등등)

ChatGPT Optimizer

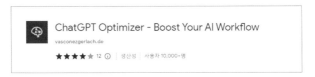

드래그해서 복사할 필요없이 클릭 한 번으로 글 내용을 복사할 수 있고, HTML 그대로 복사도 가능합니다. 클릭으로 전체 대화 스크린샷도 찍을 수 있고 글자수도 알려주는 프로그램입니다.

1. Copy - 챗GPT를 통해 받은 답을 복사해줍니다.

2. Copy HTML - 챗GPT를 통해 받은 답을 HTML형태로 복사해줍니다.

3. Read Aloud - 답변을 TTS로 읽어주는 기능입니다.

챗GPT에게 받은 답 아래에 복사 버튼을 누르면 답변이 복사됩니다.

1. Change Theme - 4가지 테마로 변경 가능

2. Download JSON - 전체대화의 제이슨을 다운로드합니다.

3. Conversation Screenshot - 대화 전체 스크린샷이 가능합니다.

WebChatGPT

WebChatGPT: 인터넷 액세스가 가능한 ChatGPT
★ ★ ★ ★ ★ 139 ⓘ ｜ 생산성 ｜ 사용자 500,000+명

챗GPT가 지원하지 않는 최신 웹 검색 결과를 같이 볼 수 있습니다.

results - 답변을 몇 개까지 받을지 설정합니다.(1~10개까지 설정가능)

Any time - 답변의 기간을 설정합니다.(어제부터 지난해까지 설정가능)

Any region - 국가를 설정합니다.(한국 설정가능)

Defaulf prompt - 영어 또는 기본값 프롬프트를 설정합니다.

챗GPT는 2021년까지의 정보만 제공하기에 그 이후 정보에 대해서는 알려주지 않습니다.

해당 프로그램을 설치 후, 같은 질문을 해보았습니다.

선택한 답변 개수만큼 웹 검색 결과를 얻을 수 있고, 링크 클릭하면 해당 웹사이트로 연결되어 답변에 대한 추가정보를 확인할 수 있습니다.

Web search results:

[1] "대한민국 대통령은 대한민국의 대통령 기관(機關)·직위(職位) 및 이를 수행하는 인물을 가리킨다. 대한민국의 현직 대통령은 제20대 윤석열로, 임기는 2022년 5월 10일부터 2027년 5월 9일까지이다. 대통령은 대한민국 헌법 제66조에서 정의하는 헌법기관으로, 국가원수 [원]로서 외국에 대하여 국가를 ..."
URL:
https://namu.wiki/w/%EB%8C%80%ED%95%9C%EB%AF%BC%EA%B5%AD%20%EB%8C%80%ED%86%B5%EB%A0%B9

[2] "2023-01-30 18:41:10. 수정 : 2023-01-30 21:47:31. 오픈AI의 챗봇 '챗GPT' [사진 출처 = 연합뉴스] "대한민국 대통령은 누구지?", "대한민국 대통령은 문재인입니다". 어려운 물리학 질문부터 긴 작문까지 척척 대답하는 인공지능 (AI) 챗GPT 는 대한민국 대통령이 ..."
URL: https://www.mk.co.kr/news/it/10623758

[3] ""대한민국 대통령은 문재인입니다." 어려운 물리학 질문부터 긴 작문까지 척척 대답하는 인공지능(ai) 챗gpt 는 대한민국 대통령이 누구냐를 묻는 질문에는 전임 대통령인 문재인 대통령의 이름을 말한다. 영어로 질문해도 마찬가지. 이는 챗gpt가 2021년 까지 ..."
URL: https://n.news.naver.com/article/009/0005081189

Current date: 2023. 3. 21.

Instructions: Using the provided web search results, write a comprehensive reply to the given query. Make sure to cite results using [[number](URL)] notation after the reference. If the provided search results refer to multiple subjects with the same name, write separate answers for each subject.
Query: 2023년 대한민국 대통령은 누구야?
Reply in 한국어

2023년 대한민국 대통령은 윤석열입니다. 윤석열 대통령은 2022년 5월 10일부터 2027년 5월 9일까지 대한민국 대통령으로 임기를 맡았습니다.[1] 챗GPT라는 인공지능은 대한민국 대통령이 누구인지를 물으면 "대한민국 대통령은 문재인입니다"라고 대답한다고 합니다. 이는 챗GPT가 2021년 이전까지 대한민국 대통령으로 문재인 대통령이 있었기 때문입니다. [2][3]

ShareGPT

ShareGPT: Share your ChatGPT conversations
★★★☆☆ 52 ⓘ | 블로그 | 사용자 20,000+명

챗GPT에서 작성한 채팅을 URL로 공유 가능하게 만들어 줍니다.

챗GPT 채팅창에 입력 후 답을 얻고나면 위에 "Share" 버튼을 클릭합니다.

< Share   ↻ Regenerate response

해당 페이지의 링크가 생성되며 "Copy" 버튼을 누르면 링크가 복사됩니다. 이 링크를 원하는 곳에 붙여넣으면 챗GPT 대화내용을 공유할 수 있게 됩니다. 단, 주의할 점은 sharegpt.com 사이트에도 내용이 공유되므로 너무 개인적인 내용은 공유하지 않도록 합니다.

ChatGPT Writer

챗GPT를 이용하여 이메일을 작성하는 프로그램입니다. 이메일을 쓸 때 아이

콘 클릭 한 번으로 맥락에 맞는 이메일을 자동으로 만들어줍니다.

Gmail에 들어가서 답장할 메일을 선택한 후 하단에 보내기 버튼 옆에  하늘색번개모양을 눌러줍니다.

받은 메일의 내용이 보이고 하단에 "Write a reply to this email…(영어로 답장을 써주세요. 내용은…"이란 문구의 창이 보입니다.

그 뒤에 영어로 답장을 쓴 후(또는 번역기를 돌려 작성) "Generate Reply" 버튼을 누릅니다.

답장이 생성되었고 하단에 보내는 사람 이름만 넣으면 이메일이 완성됩니다.

답장 아래에 "Insert generated response"를 눌러주면 답장에 바로 내용이 삽입되고, 보내기 버튼을 누르면 이메일을 보낼 수 있습니다.

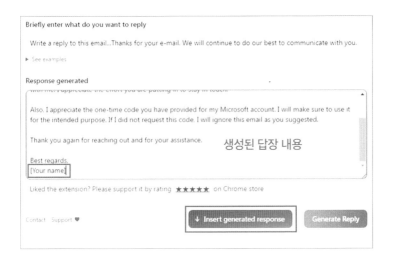

ChatGPT to notion

챗GPT 대화내용을 노션에 저장해주는 확장 프로그램입니다.

ArxivGPT

Arxiv(다양한 분야의 학술 논문을 무료로 공개하는 온라인 사이트)의 논문을 요약하는 크롬 확장 프로그램입니다.

기타 유용한 AI 사이트 모음

분야	AI 도구 / 웹사이트	결제	설명
Video	Creative Reality Studio (D-ID) https://studio.d-id.com	Freemium	실시간 얼굴 애니메이션과 고급 텍스트 음성 변환을 사용하여 몰입감 있고 인간과 같은 대화형 AI 경험을 만드는 웹
Video	Synthesia https://www.synthesia.io	Freemium	제한적인 무료 옵션이 제공되는 AI 비디오 제작 플랫폼
Video	Munch https://www.getmunch.com	Freemium	최첨단 생성 AI 및 마케팅 분석을 사용하여 장편 비디오에서 가장 매력적이고 트렌디하며 영향력 있는 클립을 추출
Video	Runway https://runwayml.com	Freemium	텍스트를 이미지로 생성, 자막 생성, 배경 바꾸기 등 30개 이상의 Magic tool로 컨텐츠를 생성하고 편집할 수 있는 플랫폼
Video	Vidyo https://vidyo.ai	Freemium	긴 비디오에서 소셜용 짧은 클립 생성
Music	Soundraw http://soundraw.io	Freemium	크리에이터를 위해 AI 음악 생성
Music	AIVA https://www.aiva.ai	Freemium	다양한 장르와 스타일로 음악을 작곡하고 생산할 수 있는 AI
Tanslation	DeepL https://www.deepl.com/translator	Free	AI를 사용하여 번역 서비스를 제공 DeepL Pro는 유료 서비스이며, 아직 한국에서는 지원되지 않음
Travel	journeymade https://www.journeymade.io	Free	간단한 정보를 입력하면 여행 일정을 무료로 생성해주는 서비스
API	FutureTools https://www.futuretools.io	Free	다양한 AI 도구 모음 사이트

* Freemium: 기본적 기능은 무료로 제공하고, 고급 기능은 돈을 받고 판매하는 가격 전략

Video AI Tools

Creative Reality Studio (D-ID)

https://studio.d-id.com

> [D-ID] d-id.com
> https://www.d-id.com ▾
> # D-ID | The #1 Choice for AI Generated Video Creation Platform

실시간 얼굴 애니메이션과 고급 텍스트 음성 변환을 사용하여 몰입감이 있으며, 인간과 같은 대화형 AI 경험을 만드는 웹 앱입니다.

Synthesia

https://www.synthesia.io

> ⟳ synthesia.io
> https://www.synthesia.io ▾
> ## Synthesia | #1 AI Video Generation Platform

AI 비디오 제작 플랫폼으로, 제한적 옵션으로 무료 이용 가능합니다.

Munch

https://www.getmunch.com

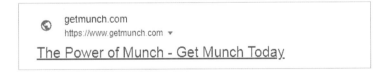

getmunch.com
https://www.getmunch.com ▼

The Power of Munch - Get Munch Today

최첨단 생성 AI 및 마케팅 분석을 사용하여 장편 비디오에서 가장 매력적이고 트렌디하며 영향력 있는 클립을 추출할수 있습니다.

Runwayml

https://runwayml.com

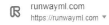
runwayml.com
https://runwayml.com ▼

Runway - Everything you need to make anything you want.

텍스트를 이미지로 생성,자막생성,배경바꾸기 등 30개 이상의 Magic tool로 컨텐츠를 생성하고 편집가능합니다.

Vidyo

https://vidyo.ai

vidyo.ai
https://vidyo.ai ▼

AI Based Content Repurposing - vidyo.ai

AI로 긴 비디오에서 소셜용 짧은 클립으로 만들기 가능합니다.

Music

Soundraw

http://soundraw.io

크리에이터를 위한 AI 음악 생성이 가능합니다.

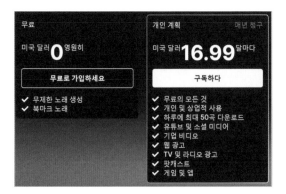

AIVA

http://www.aiva.ai

aiva.ai
https://www.aiva.ai ▼

AIVA - The AI composing emotional soundtrack music

다양한 장르와 스타일로 음악을 작곡하고 생산할 수 있는 AI로, 비디오 게임,

영화, 광고 등을 위한 음악을 생성할 수 있습니다.

번역

DeepL

https://www.deepl.com/translator

deepl.com
https://www.deepl.com › translator ▼

DeepL Translate: The world's most accurate translator

AI를 통해 번역을 해 줍니다. 무료사용 가능합니다. Deepl pro는 유료이고 아

직 한국은 지원되지 않습니다.

여행

.journeymade

http://www.journeymade.io

journeymade.io
http://www.journeymade.io ▼

journeymade

간단한 정보를 입력하면 여행 일정을 만들어주는 서비스로 무료로 사용 가능
합니다.

API

FutureTools

https://www.futuretools.io

AI 도구 모음 사이트 입니다.

Here comes
the
GPT Generation

GPT 세대가 온다

ⓒ 송진주 2023

초판 1쇄 인쇄 2023년 4월 5일
초판 1쇄 발행 2023년 4월 14일

지은이	송진주
편집인	권민창
디자인	김윤남
책임마케팅	윤호현, 김민지
마케팅	유인철, 이주하
제작	제이오
출판총괄	이기웅
경영지원	김희애, 박혜정, 최성민
펴낸곳	㈜바이포엠 스튜디오
펴낸이	유귀선
출판등록	제2020-000145호 (2020년 6월 10일)
주소	서울시 강남구 테헤란로 332, 에이치제이타워 20층
이메일	mindset@by4m.co.kr
ISBN	979-11-92579-59-7 (03320)

마인드셋은 ㈜바이포엠 스튜디오의 출판브랜드입니다.